세계 속의 한국사 인물

교과서 살아 있는 역사 01

세계 속의 한국사 인물

초판 1쇄 발행 2022년 9월 20일
글 서지원 **그림** 김옥재
펴낸곳 도서출판 아라미 **펴낸이** 백상우
편집 정유나 **디자인** 이하나 **마케팅** 성진숙 **관리** 정수진
로고 신명근
등록번호 제313-2009-131호
주소 서울시 마포구 토정로 192 진영빌딩 206호 **전화** 02-713-3257 **팩스** 02-6280-3257
E-mail aramy777@naver.com
ISBN 979-11-977972-4-8 74910 979-11-977972-3-1 (세트)

ⓒ 서지원, 김옥재 2022
이 책의 저작권은 저자에게 있습니다. 저자와 출판사의 허락 없이
내용의 일부를 인용하거나 발췌하는 것을 금합니다.

◆ 연초록은 도서출판 아라미의 브랜드입니다.
◆ 책값은 뒤표지에 있습니다.

제조자명 도서출판 아라미 **제조년월** 2022년 9월 20일 **품명** 어린이책 **제조국** 대한민국 **모델명** 세계 속의 한국사 인물 **사용연령** 7세 이상
주소 서울시 마포구 토정로 192 진영빌딩 206호 **전화** 02-713-3257 **팩스** 02-6280-3257
주의 종이에 베이거나 긁히지 않도록 조심하세요. 책 모서리가 날카로우니 던지거나 떨어뜨리지 마세요.

세계 속의 한국사 인물

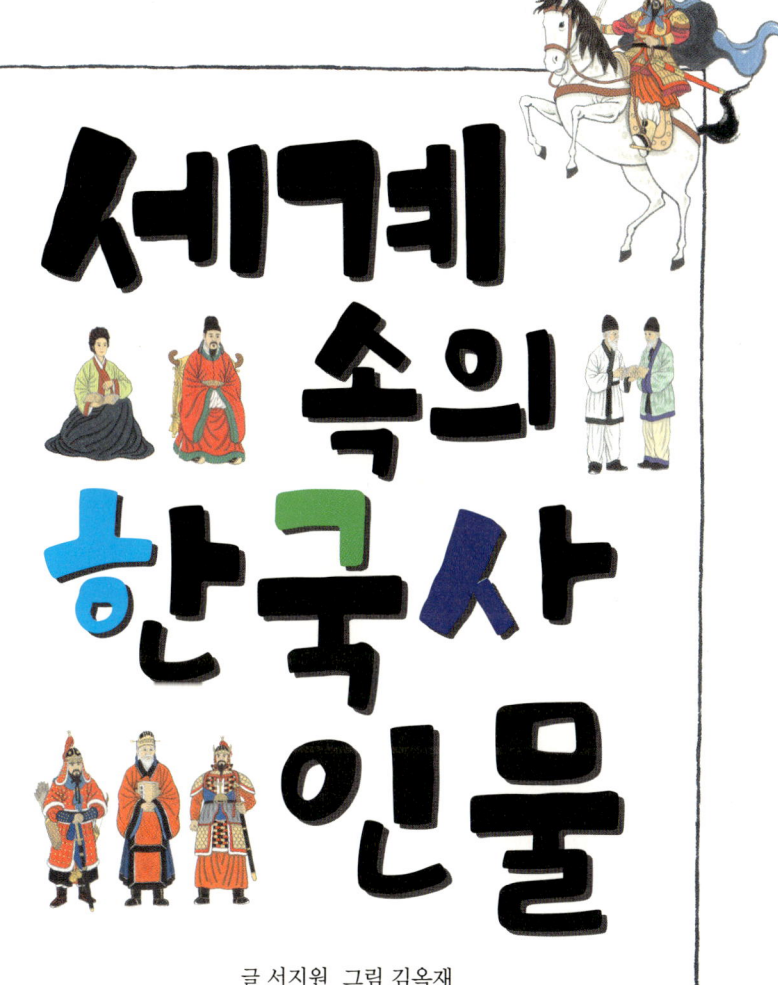

글 서지원 그림 김옥재

연초록

차례

작가의 말 6

1장 왕인과 아직기 8
- 신문 | 일본 태자의 스승이 된 백제 학자, 왕인과 아직기! 10
- 한 걸음 더 인터뷰 – 왕인 박사님 38

2장 고선지 40
- 신문 | 실크 로드를 지킨 고구려인 장군, 고선지! 42
- 한 걸음 더 인터뷰 – 고선지 장군님 70

3장 장보고 72
- 신문 | 신라 소년 장보고, 국제 해상왕이 되다! 74
- 한 걸음 더 인터뷰 – 장보고 대사님 104

4장 최치원 106
- 신문 | 당나라 황제도 부러워한 대문장가, 최치원! 108
- 한 걸음 더 인터뷰 – 학자 최치원 님 136

5장 허준 138
- 신문 | 세계가 놀란 의학 책, 동의보감을 만든 허준! 140
- 한 걸음 더 인터뷰 – 허준 의원님 168

6장 이순신 170
- 신문 | 세계가 우러러보는 존경스러운 장군, 이순신! 172
- 한 걸음 더 인터뷰 – 이순신 장군님 202

7장 허난설헌 204
- 신문 | 중국, 일본에서 이름을 떨친 조선의 시인, 허난설헌! 206
- 한 걸음 더 인터뷰 – 시인 허난설헌 님 232

작가 후기 - 세계사를 바꾼 우리 조상들의 이야기 234

"역사는 모든 것을, 미래까지도 가르쳐 준다."

프랑스의 역사학자 라마르틴이 남긴 명언이에요. 우리가 역사를 왜 배워야 하는지 이유를 알려 주지요. 또 널리 알려져 있는, "역사를 잊은 민족에게 미래는 없다."라는 말도 역사를 알아야 미래가 보인다는 의미이지요.

역사는 과거에 일어난 일로만 그치지 않아요. 과거의 역사를 알면 미래를 볼 수 있는 눈이 생기니까요. 그래서 '역사는 과거와 현재의 끊임없는 대화'라 하는 거랍니다.

이 책에는 우리나라의 역사 속 인물들이 세계와 어떤 영향을 주고받았는지 보여 주고 있어요. 지금까지 오로지 한국사 속에서만 우리 위인들을 바라봤잖아요. 이제는 한국 밖 여러 나라의 문헌을 통해 세계사 속에서 바라본 우리 선조들의 모습을 새롭게 알아보세요.

많은 사람이 한국사를 공부하면 세계사는 다른 세상 이야기 같고, 세계사만 공부하면 한국사는 모르게 된다고 해요. 한국사와 세계사가 잘 연결되지 않기 때문이지요. 하지만 세계를 무대로 활약한 우리나라의 위인들을 살펴보다 보면, 한국의 역사는 세계의 역사와 연결돼 있다는 것을 알게 돼요. 그러면서 역사가 훨씬 더 재미있고 흥미진진하게 느껴질 거예요.

이 책으로 거침없는 도전 정신으로, 자긍심을 갖고, 세계를 향해 나아간 한국사의 위인들을 만나 보세요. 그들은 세계 역사의 흐름을 바꾼 뛰어난 리더로서 세계인들의 존경을 받았지요. 그들의 삶과 업적, 문화 속에서 자부심과 도전 정신은 물론, 역사를 다양한 관점에서 바라보는 눈과 국제적인 감각, 그리고 미래를 보는 눈도 키워 보세요.

서지원

1장

왕인과 아직기

백제의 문화를 일본에 가르치다

왕인과 함께 간 사신들 일본에서 대활약!

왕인과 함께 5척의 배를 타고 일본으로 건너간 직공, 도공, 화공 등 기술자 45명은 일본 사람들에게 천 짜는 법, 그릇 만드는 법, 가죽 손질하는 법, 농사를 짓는 법, 말을 사육하는 법 등 생활에 필요한 기술을 가르쳤다. 그 덕분에 고대 일본 사람들은 더욱 발전된 편리한 생활을 하게 되었다.

왕인

일본의 시, '와카'의 창시자, 왕인

와카는 글자 수가 5 / 7 / 5 / 7 / 7 이렇게 31자로 이루어진 시나 노랫말 같은 것이다. 왕인이 고향 마을을 그리워하며 처음 지은 와카를 들은 사람들이 이것을 따라 하기 시작했다. 따라서 왕인이 일본 전통 문학의 창시자라는 칭찬이 오늘날까지도 자자하다. 와카는 일본의 또 다른 시 형식인 하이쿠와 함께 일본의 대표적인 문학 장르이다.

왕인의 묘, 시험 때가 되면 수험생들로 북적이다!

일본에서는 시험 때가 되면 왕인의 묘에 줄을 선 수험생들을 쉽게 볼 수 있다. 왕인 박사를 학문의 신이라고 생각한 일본의 수험생들이 좋은 기운을 받기 위해 왕인 박사의 묘를 찾고 있는 것이다.

왕인 박사의 묘는 일본의 오사카 히라카타 시에 있다. 1938년 5월 오사카의 유적으로 지정되었다. 일본의 지방 도시 중에는 왕인을 신으로 모시는 곳도 있다.

우리나라에는 왕인이 태어난 영암군에 왕인 박사 유적지가 있다. 매년 4월 왕인 박사 축제를 열고 있다.

왕인 박사의 묘

일본 태자의 스승이 된 백제 학자, 왕인과 아직기!

고대 일본, 백제의 왕인을 태자의 스승으로 초청하다!

백제를 스승으로 삼고 문화를 배우고자 애쓰던 일본은 아직기에 이어 오경박사 왕인을 두 태자의 스승으로 삼았다. 아직기와 왕인 모두 일본의 역사책에 기록되어 있는 이름이다.

우리나라에는 백제의 기록이 많이 남아 있지 않아서, 아직기와 왕인은 오랫동안 잘 알려지지 않은 인물이었다. 다행히 일본의 『고사기』와 『일본서기』라는 역사책에 일본에 말과 경전을 전달해 준 인물로 잘 묘사되어 있다.

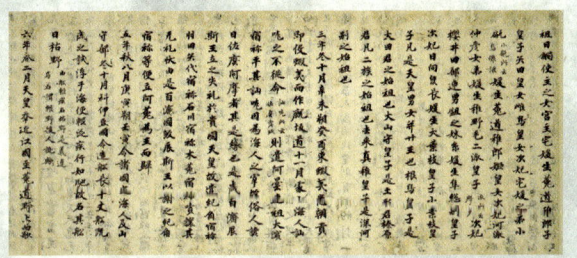
일본서기

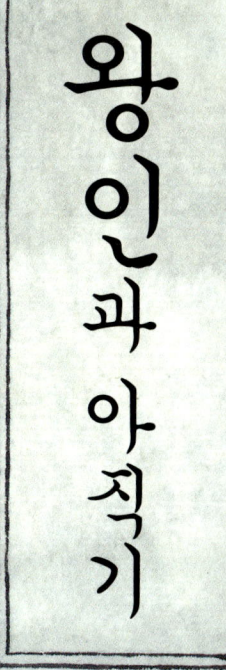

왕인과 아직기

삼국 시대

백제

왕인 박사, 일본 글자의 시초가 된 문자를 개발하다!

일본 최초의 한시집 『가이후소』에 보면 '왕인 박사가 일본어의 성질을 훼손하지 않으면서 한자를 이용해 일본어를 표현할 방법을 개발했다'라는 기록이 있다.

고대로부터 중국의 책과 문화가 한반도와 일본으로 흘러들었다. 그런데 중국의 글자인 한자는 다른 나라 사람들이 익히기가 여간 어렵지 않았다. 그도 그럴 것이 자기 나라의 말과 중국의 글자는 서로 완전히 달랐기 때문이었다.

일본인들에게 중국의 경서를 가르쳐야 했던 왕인은 일본의 말을 글자로 표현할 방법은 없을까 고민하기 시작했다. 그래서 한자를 쉬운 모양으로 변형해 일본의 말을 기록하도록 하였다. 훗날 이 글자가 발전하여 일본 문자인 가나가 되었다.

꼬마 천재 왕인

왕인은 아버지의 손을 꼭 움켜쥐었어요. 아버지의 손은 왕인의 작은 손을 다 감싸고도 남을 정도로 컸지요. 아버지의 커다란 손을 붙잡자 마치 이불을 덮은 것처럼 따뜻함이 느껴졌어요. 왕인은 그제야 안심한 듯 한 발자국, 한 발자국 걸음을 뗄 수 있었어요.

"인아, 여기가 이제부터 네가 공부할 학교란다."

아버지의 말에 왕인은 두 눈을 크게 뜨고 학교 풍경을 보았어요.

왕인이 아버지의 손에 이끌려 온 학교는 '문산재'로, 전

국 각지에서 온 훌륭한 선비와 학자들이 모여 공부하는 곳이에요.

"나는 이곳을 관리하는 분을 찾아볼 터이니, 너는 학교를 둘러보거라."

"네, 아버지."

학교를 둘러보던 왕인은 낮은 돌담 앞에 멈추어 섰어요.

그 돌담은 여덟 살짜리 꼬마인 왕인의 키만 했어요. 왕인이 까치발을 하고 서면 간신히 대청마루가 보일락 말락 했지요. 대청마루에는 학생들이 앉아 있었어요.

"자 왈 학이시습지면 불역열호아라."

학생들은 스승님을 따라 낭랑한 목소리로 책을 읽었어요.

왕인에겐 책 읽는 소리가 그 어떤 노랫소리보다 신나고 즐거웠지요. 여덟 살밖에 안 된 왕인이 아버지의 손에 이끌려 문산재까지 오게 된 건 다 이유가 있답니다. 실은 왕인이 엄청난 신동이었거든요.

"자, 누가 방금 외운 문장의 뜻을 말해 보겠느냐?"

대청마루에서 스승님이 물었어요.

학생들은 우물쭈물하기만 했지요. 그때 담장 아래 까치발을 하고 선 왕인이 뜻을 중얼중얼 말했어요.

"배우고 때때로 그것을 익히니 어찌 즐겁지 아니하겠는가. 배우고 익히는 것은 사람에겐 먹고 자는 일보다 기쁜 일 같아요."

왕인의 말소리를 들은 스승님이 고개를 쑥 내밀었어요. 학생들도 왕인을 보고 고개를 갸웃갸웃했지요.

"이곳은 글을 배우는 학교인데, 웬 꼬마냐?"

"여기서 공부를 하고 싶어요."

"너처럼 어린아이가 이곳에서 어른들과 함께 공부한다고?"

"할 수 있어요!"

왕인의 말에 스승님은 껄껄 웃음을 터트렸어요.

"천자문은 다 공부했느냐?"

"사서오경 중 어떤 것을 질문하셔도 답할 수 있어요."

"허허!"

스승님은 왕인에게 몇 가지 문제를 내 보았어요. 그러자 왕인은 어른도 답하기 힘든 것을 막힘없이 술술 얘기했지요.

그때 왕인의 아버지 왕순이 돌아왔어요.

"스승님, 제가 이 아이를 여기 데려온 것은 더 훌륭한 공부를 시키기 위해서랍니다."

아버지의 말에 스승님은 고개를 끄덕였어요. 왕인처럼 훌륭한 인재를 나이가 어리다는 이유만으로 공부를 못 하게 할 순 없었던 거예요.

이렇게 해서 왕인은 여덟 살의 어린 나이에도 불구하고 전국에서 온 서생들과 함께 경서 등 다양한 학문을 공부할 수 있게 되었답니다.

"인아, 넌 반드시 훌륭한 학자가 될 것이다."

왕인의 아버지 왕순은 아들을 몹시 자랑스러워했어요. 왕인은 그런 아버지의 기대에 맞춰 열심히 공부하려 애썼지요.

그런데 왕인이 문산재에 입학한 지 채 일 년도 되지 않아 불행한 일이 일어났어요. 왕인을 그토록 믿고 지지해 주었던 아버지 왕순이 세상을 떠나고 만 거예요. 게다가 아버지가 돌아가신 후 집안은 크게 기울었지요.

왕인은 문산재에서 공부하는 것이 마치 바늘방석에 앉은 것처럼 불편했어요.

'아, 어머니께서 혼자 힘으로 비싼 학비를 마련하려고 애쓰는 걸 보니 이대로 공부하는 건 불효구나.'

왕인이 이런 생각을 할 때였어요. 어머니는 아무 걱정하지 말고 오직 공부만 열심히 하라고 했지요.

"돌아가신 아버지는 네가 진정한 학자가 되기를 바라셨다."

어머니의 말을 들은 왕인은 슬퍼할 시간에 차라리 공부를 더 열심히 하기로 결심했어요.

때마침 왕인에게는 공부에 집중하기 딱 좋은 비밀 장소 하나가 생겼답니다. 그곳은 바로 '월대암'이라는 바위산 뒤쪽에 있는 동굴이었어요. 그 동굴은 입구가 작아 자세히 보지 않으면 누구도 쉽게 찾을 수 없는 곳이었어요. 동굴의 비좁은 입구를 지나면 꽤 넓고 평평한 공간이 펼쳐졌어요. 동굴 한가운데로 가면 햇볕이 아주 잘 들어오는 장소가 나타났지요.

"와, 여기서 책을 읽으면 낮엔 시원하고 밤엔 따뜻하겠구나!"

왕인은 그곳에서 책을 읽고 공부를 하며 시간을 보냈어요.

훗날 사람들은 왕인이 공부하던 동굴을 '책굴'이라 불렀답니다.

오경박사가 된 왕인

왕인이 책굴에 틀어박혀 공부한 지 어느덧 십 년 가까이 되었어요. 아버지를 따라 학교 안을 기웃거리던 꼬마는 어느새 늠름한 청년이 되었지요.

왕인의 학문은 스승님의 경지를 뛰어넘을 정도로 훌륭했어요. 사람들은 『역경』, 『시경』, 『서경』, 『예기』, 『춘추』에 모두 능통한 왕인을 오경박사라 부르며 존경하고 따랐지요.

백제 사람들은 한 분야에 능통한 사람을 '박사'라 불렀답니다. 별을 잘 관찰해서 하늘의 움직임을 잘 읽는 사람은 '역박사'라 하고, 병을 잘 고치는 사람은 '의박사'라 하고, 기와를 잘 만드는 사람은 '와박사'라 불렀지요. 그러니 경서의 다섯 과목을 통달한 왕인을 '오경박사'라 부르는 건 당연한 일이었어요.

열여덟 살의 왕인이 가진 실력은 문산재로 몰려든 서생들을 가르칠 만큼 뛰어났어요. 사람들이 왕인에게 공부를 배우겠다고 구름처럼 몰려올 정도였지요. 왕인에 대한 소문은 곧 백제를 다스리는 아신왕의 귀에도 들어갔어요. 아신왕은 왕인을 직접 궁궐로 불러들였지요.

"그대가 그 유명한 오경박사로군! 그대에게 큰 벼슬을 내릴 터이니 이 나라를 일으키는 데 보탬이 되도록 하여라!"

 아신왕은 왕인에게 귀족 자녀들이 공부하는 학교인 태학에서 학생들을 가르쳐 달라고 부탁했어요.

 "송구하오나 저는 문산재로 돌아가 공부를 더 하고 싶습니다."

 "어째서 벼슬을 마다하는 것이냐?"

 "저에게 어울리는 일은 문산재에서 학문을 연구하고 학생을 가르치는 것입니다."

 "좋다. 벼슬이 싫다면 태자의 스승 역할을 해 주면 어떠하겠느냐? 그것은 거절하지 말아 다오."

 이렇게 해서 왕인은 문산재에서 학생들을 가르치고, 틈틈이 궁궐에 들러 태자의 공부를 지도하게 되었어요.

 한편, 백제의 태자인 '전지'는 새로 스승이 될 왕인의 이야기를 듣고 크게 기뻐했어요.

 "앞으로 저에게 학문을 가르칠 분께서 오경박사님이시라니요! 무엇이든 열심히 배우겠습니다!"

 태자는 틈만 나면 왕인을 찾아가 학문을 배웠어요. 왕인을 궁궐로 초청해 묻기도 하고 자신이 문산재로 찾아가기도 했지요. 그러다 보니 왕인과 태자 전지는 어느새 스승과 제자 사이를 넘어 가장 친한 친구 사이가 되었어요.

하루는 태자가 왕인 박사와 책을 읽다 말고 깊은 한숨을 내쉬었어요.

"무슨 근심이라도 있으십니까?"

"스승님, 지금 우리 백제는 고구려라는 거센 바람 앞에 놓인 등불과 같습니다. 언제 고구려가 우리를 공격할지 모를 일입니다. 이럴 때 제가 우리 백제에 큰 힘이 되어야 할 텐데……. 오히려 먼 곳으로 떠나게 되었습니다."

"떠나다니요?"

왕인이 눈을 동그랗게 뜨며 물었어요.

"실은 제가 곧 왜국(일본의 옛 이름)으로 떠나야 합니다. 왜국이 백제에 군사를 보내 주는 대신 절 보내 달라고 부탁을 했답니다."

"왜국이라고요? 그 나라는 바다 건너에 있는 섬나라 아닙니까?"

"예, 왜국으로 보낼 사신단과 선물을 준비 중이라 들었습니다. 왜국에는 글을 조금이라도 아는 이가 적어 편지를 보내도 읽기가 어렵다고 합니다. 그러니 저를 더욱 기다리는 듯합니다."

왕인은 태자가 왜국으로 가서 잘 견딜 수 있을지 걱정됐어요. 태자는 애써 씩씩하게 웃음을 지었지요.

"걱정하지 마십시오. 사신들과 함께 왜국으로 건너가 우리 백제 문화의 우수성을 널리 알리고 돌아오겠습니다."

한편, 아신왕과 태자는 왜국으로 건너갈 사신 중에 '아직기'라는 학자를 눈여겨보았어요. 아직기는 학문뿐 아니라 말을 잘 다루고, 말타기 솜씨도 매우 뛰어난 학자였거든요.

"아직기, 그대가 왜국의 왕에게 말을 타는 법과 먹이를 주는 방법을 알려 주게나. 그리고 무엇보다 태자를 잘 도와주시게."

"예, 명을 받들겠습니다."

이렇게 아직기와 태자 전지 일행은 왜국으로 건너가게 되었답니다.

왜국으로 간 학자 아직기

태자는 갑판에 서서 출렁이는 파도를 바라보았어요.

이제 며칠 후면 왜국에 도착하게 될 거예요. 태자는 자신이 다시 백제로 돌아갈 수 있을까 하는 생각이 들었어요. 그리운 가족들과 친구들 모두 고향에 두고 왜국에서 살아야 한다는 것이 막막하기만 했지요.

왜국은 여러 개의 섬으로 이루어진 외딴 섬나라예요. 바닷길이 발달하기 전만 하더라도 왜국 사람들은 한자나 도자기, 거울 같은 문물을 거의 몰랐어요. 누구도 알려 주는 사람이 없으니 그랬던 것이지요. 심지어 의복 기술도 발달하지 못해서 커다란 천을 몸에 두르고 다닐 정도였대요.

그런데 4세기 무렵 바닷길이 발달하면서 신라와 가야, 백제 사람들이 왜국으로 건너가게 되었어요. 그들 중에는 신라의 공격을 피해 도망친 가야 사람들도 있었고, 백제의 사신단도 있었어요. 그들 덕분에 왜국에 새로운 문물이 도입되기 시작했지요.

"어째서 잠을 이루지 못하십니까."

아직기가 걱정스러운 표정으로 서 있는 태자를 향해 물었어요.

"왜국에 도착하면 어떤 일이 펼쳐질 것인지 걱정이 되는군요. 왜국은 이제 갓 문화라는 것을 배우기 시작한 어린 아이와도 같은 나라라고 하잖습니까."

"아이를 훌륭한 어른으로 만들려면 좋은 스승이 필요한 법이지요. 왜국에서 백제의 학자들을 계속 보내 달라고 요청하는 것이 바로 그런 까닭 아니겠습니까."

아직기가 말했어요.

"좋은 스승이라……. 내가 과연 좋은 스승이 될 수 있을까요?"

태자와 아직기는 걱정스러운 표정으로 출렁이는 바다를 바라보았지요.

며칠 뒤 태자와 아직기가 탄 배가 왜국에 도착하게 되었어요. 아직기와 신하들은 백제의 아신왕이 보내는 말과 여러 가지 선물들을 보여 주었지요.

왜국의 응신천황은 두 눈을 휘둥그레 치켜떴어요. 특히

응신천황을 놀라게 한 것은 일본에서는 전혀 볼 수 없었던 매우 크고 늠름해 보이는 말이었답니다.

"오, 이렇게 크고 훌륭한 말은 처음 봅니다!"

왜국의 왕 응신천황은 좋은 말을 보고 마냥 신기하기만 했어요. 일본에는 아직기가 가져온 말처럼 빠르고 윤기가 흐르는 말이 없었으니까요.

"제가 직접 말 타는 모습을 보여 드리겠습니다."

아직기는 말 위에 올라타고 엄청나게 빠른 속도로 들판을 달렸어요. 그 모습을 본 응신천황은 놀라서 입을 다물지 못했지요.

"사람을 태우고 바람처럼 빠르게 달리는구나!"

"우리 아신왕께서는 고구려와의 전투 때 왜국에서 발 벗고 도와준 것을 무척 감사히 여기신답니다. 아신왕께서는 말은 물론이고 등이 굽은 칼, 큰 거울도 함께 내려 주셨습니다."

"오오, 귀하디귀한 거울까지 주시다니!"

"아신왕께서는 백제와 왜국이 더욱 사이좋게 지내기를

원하십니다."

"그래야지요, 암요!"

아신왕이 백제에 여러 학자를 보낸 건 속내가 있어서였어요. 그 무렵 한반도를 차지하고 있던 여러 나라 가운데 고구려의 힘이 막강해졌거든요. 고구려의 공격을 막아 내기 힘들었던 백제는 다른 나라에 도움을 청했어요. 그런데 함께 싸우기로 했던 신라가 등을 돌려 버렸지 뭐예요. 신라는 백제보다는 고구려와 더 사이가 좋아졌어요.

결국, 백제가 도움을 청할 곳은 바다 건너에 있는 왜국밖에 없었어요. 왜국은 백제를 돕겠다며 신라를 공격하기도 했지요. 고구려를 막기 위해 백제는 반드시 왜국의 도움이 필요했어요. 그래서 태자를 비롯해 아끼는 학자들을 왜국으로 보내야만 했던 거예요.

그렇게 태자 전지와 아직기는 왜국에서 7년이라는 시간을 보냈어요. 그런 어느 날, 아신왕의 건강이 몹시 나빠졌다는 소식이 들려왔어요. 아직기는 태자가 서둘러 백제로 돌아가야 한다고 생각했지요.

"전하께서 몸이 많이 편찮으시단 얘기를 들었습니다. 이럴 때 뒤를 이을 태자가 왕실을 지켜야 할 것입니다. 이곳엔 제가 남아 있겠습니다. 그러니 서둘러 백제로 돌아가소서!"

"아버님의 병세가 그렇게나 심하시다니! 오, 아버님!"

슬퍼하던 태자 전지는 홀로 남게 될 아직기를 걱정했어요.

"하지만 그대만 두고 어찌 떠날지 맘이 편치 않구려."

"지금 왜국의 왕인 응신천황은 저를 믿고 아낍니다. 그러니 제가 남아 있겠다고 하면 더는 반대하지 않을 것입니다."

아직기는 응신천황을 찾아갔어요. 자신이 이곳에 남아 왜국 태자들을 가르칠 테니 백제의 태자 전지를 백제로 돌려보내 달라고 얘기했지요. 그 말을 들은 응신천황은 곧 태자 전지를 백제로 돌려보내겠다고 약속했어요. 하지만 어찌 된 영문인지 응신천황은 차일피일 약속을 미루었어요.

왕인, 일본 문화의 아버지가 되다

아직기는 열심히 왜국의 태자들인 토도치랑자와 대초요존에게 공부를 가르쳤어요. 하지만 아직기에게도 한계가 있었지요. 토도치랑자는 아직기보다 더 뛰어난 학자가 왜국으로 와 주기를 바랐어요. 그때 아직기는 오경박사인 왕인을 추천했지요.

"오경박사가 무엇입니까?"

"우리 백제에서는 유학의 다섯 가지 경서인 오경을 모두 공부한 사람을 오경박사라 부른답니다."

아직기는 왕인이 얼마나 뛰어난 학자인지 이야기했어요. 그 말을 들은 왜국의 왕과 태자는 모두 왕인을 직접 만나 보고 싶다고 했지요. 아직기는 그 부탁을 차마 거절할 수 없었어요. 태자 전지를 백제로 하루빨리 돌려보내려면 부탁을 들어주어야만 했던 거예요.

한편, 바다 건너 백제에서는 왕인이 목을 빼고 기다리고 있었어요. 왕인은 7년 만에 제자이자 친구인 태자 전지를 다시 볼 생각을 하니 가슴이 설렜어요.

"태자께서 탄 배가 상대포(전남 영암군에 있었던 포구)로 온다고?"

"예, 그러합니다!"

"당장 나가 상대포로 가자!"

왕인은 애타게 태자 전지를 기다렸어요. 얼마나 시간이 흘렀을까. 바다 저 멀리에 배 한 척이 보였지요. 그래요, 그것은 태자를 태운 배였어요.

"어서 오십시오!"

이윽고 배가 나루터에 이르렀어요. 7년 동안 보지 못하던 태자를 만난 왕인은 목이 메었어요.

"스승님!"

태자는 왕인을 보자 반가워 어쩔 줄을 몰랐어요. 둘은 한참을 부둥켜안고 기뻐했지요.

그날 저녁, 태자는 왕인에게 긴히 할 말이 있다며 응신 천황의 부탁을 전했어요.

"지금 저더러 왜국으로 건너가 왜국 태자의 스승이 되란 말씀입니까?"

"백제와 왜국이 좋은 관계를 유지하려면 그들의 부탁을 들어주어야만 해요. 이건 나라를 위한 일이에요!"

"하지만!"

왕인은 우물쭈물 망설였어요. 평소의 왕인이라면 당연히 당장 왜국으로 가겠다고 말했을 거예요. 하지만 왕인의 어머니가 돌아가신 지 얼마 되지 않았어요.

'어떡하지? 자식 된 도리로 부모의 묘를 돌보는 것이 당연한 일이거늘…….'

왕인이 망설이자 태자는 나라도 부모처럼 소중히 여겨야 하지 않느냐고 말했어요.

"좋습니다. 가겠습니다. 대신 시간을 좀 주십시오."

왕인은 그길로 곧장 책굴을 향해 갔어요.

'그래, 기왕 스승이 되기로 했으니 누구보다 학생을 잘 가르칠 수 있어야 해!'

왕인은 『천자문』, 『논어』 등의 책을 준비하며 차곡차곡 왜국으로 떠날 준비를 하기 시작했지요.

한편, 왕인이 왜국으로 떠난다는 소식을 들은 영암 마을 사람들은 모였다 하면 그 일에 관해 이야기했어요.

"소문 들었어? 우리 왕인 박사께서 왜국으로 가신다는군!"

"우리 백제의 보물이 왜국으로 가야 한다니, 이대로 그냥 보낼 수는 없는 일이야!"

사람들은 누구보다 자상하게 학생을 가르치는 학자인 왕인을 보내고 싶지 않았어요. 하지만 나라의 중요한 일을 맡고 떠나는 길을 막을 수도 없었지요.

"아하, 이러면 어떨까?"

사람들은 왕인의 모습을 새긴 조각상을 만들어서 상대포 나루터에 세워 두었어요. 비록 왕인의 몸은 왜국으로 떠날지라도 마음만은 석상과 함께 백제에 남아 좋은 가르침이 되어 주기를 바랐던 거예요.

시간이 흘러 마침내 왕인이 왜국으로 떠나는 날이 되었어요. 왕인은 자신이 쓴 책을 보따리에 챙겨 들고 배에 올라탔지요. 그 배에는 왕인뿐만 아니라 백제의 도공과 기술자들이 함께 타고 있었어요.

"배가 곧 출발합니다!"

선원의 우렁찬 외침을 들은 기술자 몇몇이 눈시울을 적셨어요. 왕인도 슬픈 표정으로 사람들을 찬찬히 바라보았지요.

'아, 내가 또다시 이곳으로 돌아올 수 있을지 모르겠구나!'

왕인은 그리운 백제의 모든 것을 두 눈에 가득 담아 두려 애썼지요.

며칠 만에 왕인과 기술자들이 탄 배가 왜국의 탄파진(왜국의 포구)에 도착했어요. 나루터에는 백제에서 오는 왕인을 맞이하기 위해 많은 사람이 나와 있었어요.

커다란 책 꾸러미를 멘 왕인은 천천히 배에서 내렸어요. 그러자 왜국의 태자인 토도치랑자가 직접 나와 왕인에게 넙죽 인사를 했어요.

"새로운 스승님을 뵙습니다."

"앞으로 태자의 스승이 될 왕인입니다. 잘 부탁합니다."

"부디 아무것도 모르는 우리 백성들에게 큰 가르침을 주소서."

왕인은 태자와 왜국 대신들에게 직접 준비한 책들을 이용해 수업을 시작했어요. 왕인 덕분에 왜국 사람들은 글을 배우고, 다양한 유교 문화도 접할 수 있게 되었지요. 덕분에 왜국에는 새로운 문화가 피어나기 시작했어요.

시간이 흘러 왕인은 왜국 왕실과 조정의 큰 스승이 되었어요.

"왕인 박사야말로 우리 왜국의 보물이다!"

"맞아, 왕인 박사는 그 무엇과도 바꿀 수 없어!"

왜국 사람들은 왕인을 존경하고 우러러보았어요.

왕인은 백제에서보다 더욱 귀한 대우를 받으며 지냈지요. 하지만 마음 한구석에 자리한 고향에 대한 그리움을 떨쳐 버릴 수는 없었어요.

'아, 지금쯤 어머니와 아버지의 묘 옆에 진달래꽃이 피었겠구나! 어린 시절 함께 뛰어놀던 동무들이 그립구나! 몰래 숨어 책을 읽던 책굴은 그대로일까? 마지막으로 딱 한 번만 가 보고 싶구나.'

왕인은 마음이 울적할 때는 시를 짓곤 했어요.

"나니와즈에 피었구나, 꽃이여! 겨울 지내고 이제는 봄이라고 피었구나, 꽃이여!"

"박사님, 정말 아름다운 글입니다!"

"마치 노래처럼 가벼우면서도 느낌이 강합니다!"

왕인 박사가 시를 짓는 것을 보고 왜국 귀족들도 시를 짓기 시작했어요. 사람들은 이것을 '와카'라고 불렀지요.

왕인 박사는 시간이 흐를수록 고향이 그리워졌어요. 아버지와 어머니의 묘도, 두고 온 가족도, 친구들도 그리워 견딜 수가 없었지요. 하지만 왜국의 왕과 태자, 귀족들은 왕인 박사를 돌려보내려 하지 않았어요. 결국, 고향을 그리워하던 왕인 박사는 왜국에서 숨을 거두게 되었답니다.

"아……, 고향 마을이 정말 보고

싶구나."

왕인 박사는 숨을 거두는 순간까지 고향을 그리워했답니다.

일본 사람들은 아직도 왕인 박사와 아직기를 국민의 스승이라 여기며 존경하고 있어요. 왕인 박사가 없었다면 아스카 문화라 불리는 일본 고대 문화의 기틀을 다질 수 없었을 테니까요.

한 걸음 더 인터뷰

 왕인 박사님은 언제부터 그렇게 공부를 잘했어요?

💬 글쎄, 난 아주 어렸을 때부터 공부를 잘했던 것 같아. 여덟 살에 학자들이 모여 공부하는 문산재에 들어갔으니까 요즘으로 치면 초등학생이 대학에 간 것이나 마찬가지겠지?

 박사님을 왜 오경박사라고 부르는 거예요?

💬 백제에서는 여러 전문 분야에서 높은 학식을 가진 사람을 박사라고 불렀지. 『주역』, 『시경』, 『서경』, 『예기』, 『춘추』를 오경이라 하는데 이 책을 모두 읽고 뜻을 아는 사람을 오경박사라고 불렀던 거야. 요즘으로 치면 국어, 수학, 역사, 과학, 영어 같은 걸 모두 잘하는 사람처럼 말이지.

 일본 사람들이 박사님을 존경하는 이유가 뭐예요?

💬 우리 백제는 일본에 아주 많은 영향을 미쳤단다. 여러 가지 기술과 한자를 전해 준 것도 바로 백제이지. 나는 나라의 명을 받고 일본으로 건너가 불교와 유교를 처음 전해 주었단다. 내가 일본 왕실에서 유교 경전을 비롯해 다양한 학문을 가르쳤기 때문에 왕실의 힘이 강해질 수 있었고, 문화도 발달할 수 있었어. 그게 내가 일본에서 존경받는 이유란다.

아스카 문화가 뭐예요?

🟠 아스카 문화는 7세기에 유행한 일본의 대표적인 문화란다. 아스카 문화는 백제의 영향을 받은 일본 최초의 불교 문화이기도 하지. 일본 최초의 불교 사찰인 아스카데라도 이때 지어졌어. 물론 아스카 문화는 백제의 영향만 받은 건 아니란다. 이 무렵 일본에는 신라, 가야, 고구려 사람들이 찾아와 여러 문화를 전달했거든. 하지만 그 어떤 나라보다 백제의 영향이 컸지.

왕인 박사님

아스카데라

 박사님의 후손들은 아직 일본에 사는 건가요?

🟠 그렇단다. 나의 후손들도 백제로 돌아가지 않고 대대로 일본에 남아 역사를 기록하는 일을 했지. 나의 묘도 아직 오사카에 남아 있단다. 내 자랑같이 들릴지도 모르겠지만, 아직도 일본 사람들은 나를 문화를 전파해 준 훌륭한 학자이자 신으로 모시며 존경하고 있지.

2장 고선지

세계사의 주역이 된 고구려 유민 장수

세계에서 가장 우수한 천재 전략가, 고선지에 대한 연구!

20세기 초 중앙아시아를 탐사한 영국 고고학자 스타인은 '고선지 장군은 세계에서 가장 우수한 천재적인 전략가이다.'라고 평가했다.

프랑스의 동양학자 샤반은 고선지 관련 사적을 발굴해서「서돌궐 사료」를 발표했다. 또 종이 만드는 법이 고선지에 의해 유럽에 전해졌다는 것도 밝혀냈다.

프랑스의 역사학자 그루세는 '고선지의 파미르 서부 원정이 성공한 덕분에 당나라의 중앙아시아 정복 정책은 그야말로 절정기를 맞았다고 할 수 있다. 고선지는 중앙아시아의 총독이나 다름없었다.'라고 말했다.

당나라 최고의 시인 두보, 고선지에 대한 시「고도호총마행*」을 쓰다

안서도호 장군*에게는 푸른 말이 있었으니
전쟁터에서 이름을 날리다가 장안*으로 왔네
이 말을 전쟁터에서 이길 자가 없어
주인과 함께 큰 공을 이뤘네

공을 세우니 함께 가는 곳마다 예의를 갖췄네
아주 먼 타클라마칸 사막까지 달려온 말은
빼어난 모습 마구간에 엎드려 쉬지 않고
용맹한 기상으로 전쟁터에 나가고 싶어 하네

날랜 말발굽은 높아 쇠를 박차듯 하고
얼어붙은 강 가득 낀 얼음을 몇 번이나 찼던고
오색 꽃무늬 퍼져 온몸에 아른거리니
만 리 밖에서 달려오는 말의 몸에 땀이 흐르네

장안의 난다 긴다 하는 이들도 감히 탈 수나 있나
번개보다 더 빠른 걸 다 아는데
말은 푸른 갈기 늘어뜨린 채 늙고 있네
아, 언제나 서역 길을 다시 달릴 수 있을까!

*고도호총마행: 고선지가 탄 명마를 통해 고선지의 무공과 용맹을 기리는 시
*안서도호 장군: 고선지
*장안: 당나라의 수도

실크 로드를 지킨 고구려인 장군, 고선지!

중국의 역사책에 기록된 고구려인, 고선지!

"고선지는 원래 고구려 사람이다. 외모가 사나이답고 건장할 뿐 아니라 기마와 궁술마저 능통했다. 용감할 뿐 아니라 과단성도 뛰어났다."

당나라의 역사책 『구당서』, 『신당서』의 열전에는 고구려인 고선지에 대한 내용이 이같이 나와 있다.

『구당서』, 『신당서』는 본기(本紀) 20권, 지(志) 30권, 열전(列傳) 150권 등 모두 200권으로 구성되어 있다. 당 시대의 문장이 그대로 남아 있어 역사적 의미가 높은 역사책이다.

고선지

? ~ 755
당나라의 고구려인

나폴레옹을 뛰어넘는 동양의 한니발 장군, 고선지!

파미르 고원은 죽음의 준령이라고 불릴 만큼 험난하기로 유명하다. 그래서 옛날, 중국은 파미르 고원에 가로막혀 서역 정복에 애를 먹었다.

그러나 고선지 장군은 1만 5천 명의 군사를 이끌고 서역 정벌을 위해 주저 없이 출발했다. 나폴레옹과 한니발이 알프스 산맥을 넘어 이탈리아로 쳐들어간 것처럼 고선지는 파미르 고원과 해발 4,694미터에 이르는 탄구령 고개를 넘어서 갔다.

이후 고선지는 토번의 군사 기지를 쳐부수었으며, 소발률국마저 점령했다. 서역의 72개 나라를 정복하자 고선지의 이름은 서역 모든 나라에 퍼져 나갔다.

파미르 고원

고구려 소년, 당나라의 군인이 되다

"빨리, 빨리 걸어라!"

말을 탄 당나라 군인들이 채찍을 휘두르며 재촉했어요.

사람들은 모두 비틀거리며 괴로워했어요. 벌써 며칠째 제대로 먹지도 못하고, 쉬지도 못한 채 거친 자갈길을 걸었거든요.

"군인 나리, 도대체 어디까지 가는 것입니까?"

"너희는 새로운 땅에서 살게 될 것이다."

"어째서 우리가 농사짓던 논과 밭을 두고 그곳으로 가야 한단 말입니까?"

당나라 군인들에게 억지로 끌려가고 있는 이 가엾은 사람들은 고구려의 유민들이었어요. 고구려가 멸망하자 뿔뿔이 흩어지게 된 백성들 말이에요.

668년, 고구려가 멸망하고 말았어요.

당나라 사람들은 고구려의 수도였던 평양성을 차지하고 '안동 도호부'라는 것을 설치했지요. 그것은 고구려 사람들을 감시하고 억누르기 위해 만든 기관이었어요. 하지만 삼엄한 감시에도 불구하고 고구려 사람들은 새로운 나라를 일으키려 했어요.

이 일을 눈치챈 당나라 군인들은 고구려의 유민들을 국경 지역으로 내쫓아 버렸어요.

"자, 너희가 살 곳은 바로 이곳이다!"

고구려의 유민들이 도착한 곳은 끝도 없이 펼쳐진 황량한 모래사막이었어요.

"이런 모래땅에서는 농사도 지을 수 없습니다. 게다가 이곳은 툭하면 토번이나 돌궐족이 쳐들어오는 곳이 아닙니까!"

"그게 바로 우리가 너희를 이곳으로 데려온 목적이지. 너희가 우리 당나라의 방패 역할을 하는 거다."

고구려의 유민들은 그렇게 도저히 사람이 살 수 없을 정도로 척박한 땅에 자리 잡게 되었어요. 땅은 메말라 있었고 주변엔 농사를 지을 만한 땅 한 뙈기 없었어요. 하지만 고구려 유민들은 말라비틀어진 땅에 물을 주고 쉼 없이 땅을 갈아엎었어요. 그렇게 겨우 사람들이 살아갈 수 있게 되었답니다. 고선지는 그런 땅에서 태어났어요.

고선지의 할아버지는 뛰어난 무예 실력을 갖춘 고구려의 장수였어요. 때문에 할아버지는 당나라의 군인으로 일할 수 있었지요. 고선지의 아버지도 할아버지의 뒤를 이어 군인으로 일할 수 있었고요.

하지만 고선지의 집안은 별로 좋지 못했어요. 같은 군인이라도 당나라 사람과 고구려 사람의 대우는 하늘과 땅 차이였거든요. 고선지의 할아버지와 아버지는 모래 태풍이 불어닥치는 험준한 사막에서 밤낮없이 경비를 서야만 했어요.

"아버지, 우리가 고구려 땅에 그대로 살았더라면 지금보다 훨씬 넉넉했을까요?"

"그랬겠지. 하지만 우리가 어디 사는지는 중요하지 않다. 우리가 고구려 사람이라는 게 가장 중요한 것이지. 잊지 마라, 넌 고구려의 핏줄이다."

고선지의 아버지 고사계는 언제나 이렇게 말했어요. 그래서일까요? 고선지는 어려서부터 항상 자신이 고구려 사람이라는 것을 자랑스러워했지요.

어느 날, 고선지의 아버지는 '쿠차'라는 곳으로 가라는 명령을 받았어요.

쿠차(현재 중국 신장 위구르 자치구)는 타클라마칸 사막에 있는 오아시스 주변의 작은 도시랍니다. 앞에는 끝없는 모래 사막이 펼쳐져 있고, 옆으로는 험한 바위산이 펼쳐져서 사람이 살기 힘든 곳이었지요. 게다가 그곳은 당나라의 국경 지역이었기 때문에 툭하면 전투가 벌어졌어요. 어린 고선지는 아버지를 따라 쿠차 곳곳을 누비며 전술을 익히고 무예를 배웠어요.

쿠차는 서역의 상인들이 반드시 거쳐야만 하는 곳이기

도 했어요. 드넓은 사막을 지나 당나라로 가려면 오아시스가 있는 곳에서 쉬어야만 했기 때문이지요. 덕분에 고선지는 어려서부터 새로운 문물을 경험할 수 있었답니다.

"아버지, 방금 시장에서 푸른 눈을 가진 사람을 보았어요. 정말 눈동자가 바다처럼 푸르고 깊었어요."

"서역에서 온 장사꾼들인 모양이로구나."

"그들은 절대자를 믿는다지. '알라'라는 신이라고 하던가. 아무튼, 우리와는 말도 다르고, 생활 습관도, 방식도 다른 사람들이라더구나."

"우아!"

어느덧 늠름하게 자라 스무 살 청년이 된 고선지는 장수가 되기로 마음먹었어요. 당나라에서는 이민족 출신도 전쟁에 나가 공을 세우면 장군이 되거나 지방의 관리가 될 수 있었거든요. 고선지는 모래바람 속에서 갈고닦은 실력으로 당당히 유격 장군이 되었지요.

"스무 살에 유격 장군이라니! 그것도 당나라 사람도 아니고 고구려 사람이 그런 높은 벼슬을 얻다니, 정말 대단

하군!"

"고선지야말로 우리 고구려 사람들의 자랑이지!"

"암, 그렇고말고!"

고선지가 장군이 되자 고구려의 유민들은 마치 자기 일처럼 기뻐하며 축하해 주었어요.

큰 공을 세우다

고선지는 어렸을 때부터 아버지 고사계를 따라 험준한 사막 지역, 전쟁터 등을 누볐어요. 덕분에 고선지는 누구보다 주변 지리를 잘 이용하는 장수가 될 수 있었지요.

고선지는 참가하는 전투마다 부대를 승리로 이끌었어요. 당나라의 국경 지역에서는 고선지의 이름을 모르는 사람이 없을 정도였지요. 울던 아이도 '고선지 장군이 온다!'라고 하면 울음을 뚝 멈출 정도였다니까요.

"고선지 장군이 나타나기만 하면 오랑캐들이 꼬리를 내리고 도망친다잖아!"

"그 유명한 고선지 장군이 우리 고구려 출신이라니 정말 대단해!"

고구려 사람들에게 고선지는 엄청난 자랑거리였지요.

하지만 당나라 사람들에겐 눈엣가시 같을 수밖에 없었어요.

"에잇, 고구려인인 고선지가 큰 공을 세우도록 두고 볼 수만은 없어!"

하지만 고선지는 아랑곳하지 않고 묵묵히 자신이 맡은 일만 했어요.

어느 날, 상관인 부몽영찰이 고선지에게 이렇게 명령했어요.

"고선지, 달해부에서 반란이 일어났다. 자네가 병사들을 이끌고 가서 진압하도록 하라."

톈산 산맥 서쪽에 있는 달해부라는 곳에서 일어난 반란군은 엄청난 규모였어요. 하지만 고선지에게 주어진 병사는 고작 이천 명 남짓이었지요.

"장군님, 2천이란 적은 군사로 어떻게 반란을 진압할 수 있겠습니까?"

고선지의 부하 봉상청이 걱정스럽게 물었어요.

봉상청은 매우 총명하고 병법을 잘 아는 장수였지요. 하지만 한쪽 눈이 먼 데다가 다리까지 저는 사람이었어요. 그래서 봉상청은 다른 장군들에게 인정을 받지 못했답니다. 하지만 고선지만은 달랐어요. 봉상청의 병법을 매우 높이 평가해 주고, 그를 장수로 대우해 주었지요.

"하하하! 지형을 이용해 전략을 잘 짜면 이길 수 있을 것이오."

고선지는 험준한 톈산 산맥의 지형을 이용해 반란군을 꾀어냈어요. 그리고 반란군이 쫓아오자 숨어 있던 병사들에게 일제히 공격하도록 명령했지요. 덕분에 달해부의 반란군은 눈 깜짝할 사이에 진압되었답니다.

곧 고선지의 승리 소식이 널리 퍼지게 되었어요. 이 사실을 알게 된 당나라 장수들은 입술을 삐죽거렸지요.

"하필 고구려에서 온 녀석이 공을 세우다니!"

"참, 그 녀석은 활만 잘 쏘지 글을 많이 배우지 못했다던데, 이렇게 하면 어떻겠소?"

고선지를 질투한 당나라 장수들은 일부러 꾀를 냈어요. 고선지에게 황실로 보내는 보고서를 직접 쓰도록 했던 거예요. 글공부가 부족한 데다 글솜씨도 없었던 고선지는 어쩔 줄 몰랐어요.

그때 봉상청이 나섰어요.

"장군, 제가 보고서를 대신 쓰겠습니다!"

봉상청은 고선지를 대신해 보고서를 써 주었어요. 덕분에 고선지는 위기에서 벗어날 수 있었지요.

"봉상청, 우리 마지막 죽음을 맞을 때까지 평생을 같이 갑시다!"

고선지는 봉상청을 귀하게 여겼어요.

실크 로드를 지켜 내다

쿠차나 파미르 고원, 힌두쿠시 산맥 등은 서역과 당나라를 오가는 상인들이 꼭 지나야 하는 매우 중요한 곳이었어요. 그런데 어느 날부터인가 쿠차와 파미르 고원으로 가는 길을 막아선 무리가 있었어요. 바로 토번(오늘날 티베트 지역)에 사는 민족이었지요. 처음에 작은 무리였던 토번의 민족은 왕국을 세우고 점점 힘을 키워 나갔어요. 급기야 유럽과 아시아를 잇는 길인 '실크 로드'를 차지하게 되었지요.

"폐하, 토번이 길을 막아선 탓에 서역 상인들도, 우리나라의 상인들도 장사하지 못하고 있다 하옵니다."

"상인들이 오가지 못하니 백성들이 물건을 살 수 없어 아우성입니다!"

이 사실을 알게 된 당나라 황제 현종은 당장 군대를 보내 토번을 물리치라 명령했어요. 하지만 당나라 조정에서 보낸 군사들은 번번이 토번의 무리에게 쫓겨나다시피 돌아왔지요.

"어째서 우리의 군대가 토번을 물리치지 못한 것이냐!"

"모래 폭풍이 휘몰아치는 곳이라 적들이 어디서 나타나는지도 눈치챌 수 없었사옵니다."

고민하던 현종은 그 지역의 지리를 잘 알고 있는 장군을 보내야겠다고 생각했어요.

"듣자 하니 고선지라는 장군이 그 지역에서 태어나고 자라 길을 잘 안다지? 게다가 무예 실력도 뛰어나다고 하는구나. 그에게 토번을 물리치게 하라."

현종의 명령을 받은 고선지는 토번이 차지하고 있는 곳으로 떠나게 되었어요.

"토번의 군사들은 파미르 고원과 힌두쿠시 산맥으로 둘러싸여 있는 요새에 숨어 있다. 이 지역은 엄청나게 높은 고산 지대여서 사람들이 쉽게 지나다니기 힘든 곳이다. 준비 없이 갔다가는 고산병으로 목숨을 잃을 수도 있고, 너무 추워서 얼어 죽을 수도 있는 위험한 곳이지."

고선지는 현종이 내려 준 병사들을 한꺼번에 이끌고 가는 대신, 세 무리로 나누어 움직이기로 했어요. 그리고 토번의 병사들이 알고 있는 길 말고 험준한 산길을 이용하기로 했지요. 모두가 알고 있는 길로 간다면 토번의 요새에 가는 도중에 계속 기습 공격을 당할 게 뻔했기 때문이에요.

"병사들은 들어라. 만약 한쪽이 공격을 받아도 다른 부대가 끝까지 갈 수 있도록 보급품이나 무기들도 똑같이 나누어 갖도록 하라."

고선지가 생각해 낸 이 방법은 당나라의 전술이 아니었어요. 이것은 아버지 고사계가 알려 준 고구려 전술이었지요.

"세 무리로 나누어 토번의 군대가 모여 있는 '연운보'로 간다! 우리의 목표는 토번을 물리치는 것이지 이곳에 사는 유목민들을 공격하는 것이 아니다. 그러니 무리한 공격은 절대 하지 말도록!"

고선지는 제1부대를 이끌고 파미르 고원을 향해 갔어요. 그사이 제2부대와 제3부대가 각각 다른 길로 은밀히 '연운보'를 향해 이동했지요.

군사들이 모이기로 약속한 '연운보'란 곳은 높은 산 중턱에 자리한 넓은 고원이에요. 그곳에는 토번의 왕과 병사들이 모여 있었답니다.

산 아래를 내려다보며 감시하던 병사들은 고선지가 이끄는 제1부대를 발견했어요.

토번의 병사들은 깜짝 놀랐어요. 험준한 산을 넘어 오리라고는 상상도 하지 못했기 때문이에요. 하지만 이미 여러 차례 당나라 군사와 싸워 이겼던 토번의 병사들은 자신감이 넘쳤어요.

"얼마 전에 우리에게 혼쭐이 나고도 또 몰려오다니!"

"훗, 너희들은 연운보 가까이 오지도 못하고 도망치게 될 것이다!"

하지만 고선지는 다른 길로 오고 있는 군사들이 모두 모여 기습 공격을 한다면 토번을 쉽게 이길 거라 확신했어요.

하지만 예상치도 못한 일이 벌어지고 말았어요.

"장군, 찬 계곡물이 갑자기 불어나서 움직일 수 없을 듯합니다!"

밤사이 엄청나게 불어난 물이 고선지가 이끄는 군대를 막아선 거예요.

"이 물살을 가로질러 간다는 건 불가능한 일입니다."

"군대를 물러 돌아가는 게 좋겠습니다."

장수들은 그만 후퇴하자고 말했어요. 하지만 고선지는 머뭇거리지 않고 말했어요.

"걱정하지 말아라. 신은 우리를 도울 것이다."

그날 밤, 고선지는 세 가지 짐승을 하늘에 바치고 큰 제사를 올리도록 했어요. 그러자 강물이 거짓말처럼 확 줄어들었지요.

"이것은 하늘이 우릴 돕는다는 뜻이다!"

"와, 고선지 장군 만세!"

사실 고선지는 높은 고원의 계곡물은 금방 빠져나간다는 것을 알고 있었어요. 그런데 일부러 하늘에 제사를 올리게 해서 군사들의 사기를 돋운 것이지요.

강물이 줄어들자 고선지는 군사들을 이끌고 연운보를 향해 갔어요. 그 무렵 제2부대와 제3부대도 연운보에 도착했지요.

"공격하라!"

"와아아아!"

갑자기 몰려든 당나라 군사들 때문에 토번의 병사들은 우왕좌왕했어요. 미처 적을 막을 틈도 없었지요. 덕분에 고선지 부대는 순식간에 연운보 요새를 점령하였어요.

"장군, 우리의 승리입니다!"

"아직 안심하기는 이르다. 토번은 소발률국과 아주 친밀한 사이다. 토번의 왕이 소발률국에 도움을 청할 수도 있으니 미리 막아야 한다."

고선지는 소발률국(오늘날의 파키스탄 지역)이 토번을 돕지 못하게 하려고 힌두쿠시 산맥을 넘어 소발률국까지 점령했어요.

이렇게 고선지가 토번을 물리친 덕분에 당나라와 서역을 잇는 무역 길, 실크 로드는 안전해질 수 있었답니다.

누구보다 백성을 아끼다

현종 황제는 토번을 물리친 고선지의 공을 칭찬했어요. 하지만 당나라 장수들은 고선지의 공을 축하해 주기는커녕 깎아내리려 했지요.

특히 고선지의 능력을 알아보고 뽑아 썼던 상관인 부몽영찰마저 고선지가 천한 고구려 놈이라며 죽이려고 했어요.

"네가 황제 폐하의 은혜를 입어 장군이 되었지만, 당나라 군대의 법규도 제대로 모르고 있다. 전쟁의 공을 차지하려고 상관인 나에게 보고도 하지 않고 곧장 황제 폐하께 자신의 공을 아뢰어 큰 상을 받다니!"

부몽영찰은 다른 장수들과 똘똘 뭉쳐 고선지를 몰아내려 했어요.

"고선지는 당연히 큰 벌을 받아야 합니다! 모든 당나라 장군들은 나와 뜻을 같이해 고선지를 벌줍시다!"

"옳습니다! 당장 황제 폐하께 상소를 씁시다!"

이 사실을 알게 된 변령성이 당나라 황제 현종을 찾아갔어요. 변령성은 황제의 명령으로 전투에 함께 참여했던 군사 감독관이었어요. 변령성은 고선지를 살려 줘야 한다고 간곡하게 아뢰었어요. 그러자 황제는 부몽영찰의 뒤를 이어 고선지를 안서 절도사로 임명했어요.

그사이에 당나라 백성들 사이에서도 고선지가 아주 유명해졌어요. 전쟁할 때도 백성들을 먼저 생각하고 지켜 주려 했던 고선지의 전술이 널리 알려졌던 거예요. 시인들은 앞다투어 고선지에 관한 시를 짓고 노래했어요. 사람들은 모였다 하면 천리마를 타고 파미르 고원을 넘나들며 싸운 고선지의 활약을 칭송했지요.

한편, 다시 쿠차 지역으로 돌아온 고선지는 밤늦도록 골똘히 생각에 잠겼어요.

"장군, 이제 토번도 물리쳤는데 왜 그리 근심 어린 표정입니까?"

"석국의 움직임이 심상치 않은 듯하여 걱정이로군."

석국은 지금의 우즈베키스탄 수도인 타슈켄트 부근에 있던 작은 나라였어요. 당나라가 힘이 강할 때는 당나라에 조공을 바치던 나라였지요. 그런데 얼마 전부터 석국은 당나라에 바치던 조공을 대식국에 바치고 있었어요. 대식국은 사라센 제국, 즉 오늘날의 중동 지방에 있던 나라예요.

사라센 제국은 이슬람교를 믿고 있었는데, 이슬람교가 세계 곳곳으로 널리 퍼지면서 제국의 힘도 점점 커졌어요.

'이대로 두면 석국이 대식국의 힘을 믿고 토번처럼 우리 백성들을 괴롭힐 것이다.'

이렇게 판단한 고선지는 황제의 허락을 받아 석국을 공격했어요. 그러자 이미 고선지의 명성을 알고 있던 석국왕은 무서워서 얼른 항복했지요.

고선지는 석국의 왕과 왕족들을 포로로 잡고, 금은보석을 빼앗아 당나라의 수도, 장안으로 돌아왔어요.

그런데 곧 더 큰 사건이 일어나고 말았어요. 석국 주변의 크고 작은 나라들이 힘을 모아 안서 지방을 공격해 온 거예요. 그곳은 고선지가 지키는 구역이었지요.

"평소 같으면 우리에게 조공을 바치고 굽신거렸을 나라들인데 힘을 합쳐 공격해 오다니! 이것은 필시 대식국의 도움이 있기 때문일 것이다."

이렇게 판단한 고선지는 7만 명의 군사를 이끌고 대식국을 정벌하기 위해 떠났어요. 마침내 탈라스 평원을 사이에 두고 당나라와 대식국의 부대가 마주 서게 되었어요. 이를 탈라스 전투라고 해요. 고선지는 부대를 두 개로 나누어 양쪽에서 공격하려 했지요.

그런데 당나라의 편이었던 케르룩 부족의 군인들이 갑

자기 당나라 군사들을 공격하기 시작했지 뭐예요.

"저, 저들은 우리 편이 아니었던가?"

"장군, 케르룩 부족이 중요한 물자를 모두 훔쳐 갔습니다! 큰일입니다!"

알고 보니 케르룩 부족은 대식국의 첩자로, 여태까지 당나라 편인 척했던 거예요.

그들은 고선지가 이끄는 부대의 움직임을 몰래 알려 주며 때를 기다렸다가 당나라 군대를 공격했지요. 이 일로 고선지는 전투에서 패해, 안서 절도사의 자리에서 쫓겨나 장안으로 끌려오는 신세가 되었어요.

한편, 안록산은 고선지와 함께 당나라에서 성공한 이민족 출신 장수예요. 현종 황제는 그런 안록산을 믿고 가까이 두었어요.

반면, 당시 큰 권력을 갖고 있던 재상 양국충은 안록산을 싫어했어요. 안록산은 가만히 있다가는 양국충에게 죽을 수도 있다는 생각이 들었지요. 그래서 안록산은 군대를 이끌고 장안으로 쳐들어왔어요.

"안록산이 군대를 일으켜 장안을 공격하고 있답니다!"

"뭐라고? 안록산을 당장 잡아들여라!"

깜짝 놀란 황제가 명령했어요.

그러나 장안에는 오랫동안 전쟁터를 누볐던 기세등등한 안록산의 반란을 막아 낼 수 있는 장수가 없었어요.

그 당시 고선지는 탈라스 전투의 패배 이후 4년 간 장안에서 조용히 살고 있었어요. 난을 막을 장수가 없자 현종 황제는 다시 고선지를 불렀어요.

"고선지에게 섬주를 지키라고 하여라!"

황제는 이렇게 명령하며 이번에도 변령성을 군사 감독관으로 함께 보냈어요.

고선지는 변령성에게 섬주를 지키는 것보다 장안으로 들어가는 요충지인 동관 지역을 지켜야 수도 장안이 안전할 수 있다고 말했어요.

"어허, 지금 황제를 대신해 온 감독관인 내 명령을 거역하려는 것이냐?"

변령성은 고선지가 자신의 명령을 따르지 않자 길길이

화를 냈어요. 고선지가 멋대로 군사를 후퇴시켰다며 황제에게 고선지를 사형시켜야 한다는 상소를 올렸어요.

"고선지도 안록산처럼 나를 배신하려는 것이로구나!"

변령성의 말을 철석같이 믿은 황제는 고선지를 죽이라 명령했어요.

"이대로 장군을 보낼 수는 없습니다!"

"황제 폐하, 명을 거두어 주소서!"

고선지를 따르던 병사들이 고선지를 살려 달라며 통곡했어요. 하지만 황제의 명은 거두어지지 않았지요. 결국 고선지는 그렇게 억울하게 죽임을 당하고 말았어요.

고선지가 죽자 안록산의 부대가 물밀듯이 밀려왔어요. 하지만 당나라에는 안록산을 막아 낼 장수가 없었어요. 안록산의 군대는 수도인 장안까지 거침없이 몰아쳤어요. 현종 황제는 궁을 버리고 도망치는 신세가 되었지요.

당나라는 안록산의 난 이후, 황소의 난 등을 겪으며 결국 멸망하고 말았답니다.

한 걸음 더 인터뷰

고선지 장군님은 어째서 당나라에서 살게 된 거예요?

● 내가 살던 고구려는 신라와 당나라가 같이 공격하는 바람에 멸망하고 말았단다. 그 후 고구려 사람들은 살 곳이 없어져 버렸지. 고구려 사람들은 두 가지 중에 선택할 수밖에 없었어. 신라 사람으로 살 것인가, 아니면 아예 다른 나라로 떠나 그곳에서 이민족인 고구려 사람으로 살 것인가. 나의 할아버지는 끝까지 고구려 사람으로 살기를 원하셨지. 그래서 당나라로 갔던 거란다.

전쟁에서 싸울 때 어떤 일이 위험하고 힘들었나요?

● 모든 전쟁은 다 위험하단다. 특히 당나라 국경 지역에 맞닿아 있는 파미르 고원을 넘는 일이 힘들었지. 파미르 고원은 높이가 무려 5천 미터가 넘는 산맥들로 이루어져 있어. 말을 타고 그 가파른 절벽과 험한 외길을 넘는다는 게 얼마나 힘든 일이겠니? 게다가 군인은 아주 무거운 갑옷을 입고 또 무기까지 들어야 하잖니. 그냥 오르기도 힘든 길을 군인으로서 오르는 건 목숨을 걸어야 할 만큼 위험하지. 하지만 나는 1만 명이 넘는 군사들을 이끌고 파미르 고원을 넘어 토번과 소발률국까지 정복했단다.

장군님은 전쟁에서 또 어떤 어려움을 겪으셨나요?

● 나는 750년, 파미르 고원 서북쪽에 있는 석국이 대식국과 손을 잡고 당나라를 공격하려 하자 거침없이 군사들을 이끌고 나갔어. 그들을 공격하려면 사마르칸트의 사막을 지나야 하는데, 그곳은 한 달도 넘게 쉬지 않고 달려야 간신히 적들이 있는 곳에 도착할 수 있을 정도로 넓고 황량하단다. 나와 군사들은 갖은 고생 끝에 석국을 정벌했지.

 장군님은 전투를 할 때마다 늘 이겼나요?

● 아니야, 크게 진 적이 있단다. 나는 실크 로드가 지나는 탈라스 강 근처에서 아주 치열한 전투를 했어. 이 전투를 탈라스 전투라고 하지. 그때 내가 크게 지는 바람에 이슬람 세력이 더욱 큰 힘을 얻게 되었지. 만약 내가 그때 승리를 거두었더라면 이슬람 제국이 중앙아시아를 차지하는 일은 없었을 텐데!

 우아, 장군님은 정말 뛰어난 장수였네요!

● 훗, 내 자랑처럼 들리겠지만 나는 파미르 고원과 탄구령을 넘어 북인도까지 진출했던 장수이자 세계인이었단다.

고선지 장군님

3장

장보고

국제 교역을 일으킨 신라의 해상왕

당나라 최고 시인 '두목', 장보고의 인생을 책으로 쓰다!

두목

당나라 최고 시인으로 평가받는 두목은 『번천문집』에 장보고 편을 따로 만들어 장보고의 일대기를 자세히 기록해 놓았다. 『번천문집』의 '장보고, 정년전'에 보면 장보고가 당의 서주 무령군 소장이라는 군직에 올랐다는 사실을 알 수 있다. 또 장보고는 신라 흥덕왕을 만났을 때 청해(완도의 옛 이름)가 신라의 바닷길에서 중요한 곳이라고 강조했다고 썼다. 장보고가 완도에 진영을 만든 이유를 추측할 수 있다.

일본에서 재물의 신으로 모시는 장보고!

일본의 옛 수도 교토의 중심부에서 동북쪽으로 가면 사쿄 구가 있다. 그곳에는 일본의 스님 엔닌이 세운 '적산선원'이란 절이 있는데, 복을 주는 절이라 알려져서 늘 많은 사람이 참배하느라 붐빈다.

그런데 이곳에 가면 놀라운 그림을 볼 수 있다. 늠름한 모습의 장보고 영정이 모셔져 있는 것이다.

일본인들은 장보고를 '적산대명신'으로 칭송하며 모신다. 적산대명신은 부자가 되게 만들어 주는 재물신이다. 장보고와 거래를 하면 부자가 된다는 이야기가 전해지면서 오늘날 장보고가 재물신으로 일본에서 떠받들어지고 있는 것이다.

장보고의 자취를 느낄 수 있는 중국의 명소

중국 산둥성 웨이하이 시는 한국 관광객뿐 아니라 외국 관광객들이 많이 찾는 곳으로 유명하다. 이곳에 가면 아직도 장보고의 흔적이 있는 건축물을 볼 수 있다. 당나라 때 장보고가 세운 적산법화원이 그것이다. 하지만 현재 남아 있는 적산법화원은 당나라 당시의 모습은 아니고, 현대에 다시 만든 것이다. 당 무종 때 불교 탄압으로 파괴되었기 때문이다.

신라 소년 장보고, 국제 해상왕이 되다!

일본 스님, 장보고에게 입은 은혜를 갚다

엔닌은 일본에서 최초로 '대사'라는 호칭을 받은 스님으로, 『입당구법순례행기』에 장보고에 대해 자세히 썼다. 당나라에서 불교를 공부하던 엔닌이 당나라에서 쫓겨날 위기에 처했을 때 장보고가 도와주었다는 내용이다. 엔닌은 장보고가 당나라에 세운 절, 적산법화원에 머물면서 공부를 무사히 마칠 수 있었다. 그 후에도 장보고의 보호 아래 600권의 불교 서적을 가지고 일본으로 무사히 돌아갈 수 있었다.

엔닌이 장보고에게 감사하는 마음이 『입당구법순례행기』에 고스란히 적혀 있다.

"저는 은혜를 입었지만 멀리 떨어져 있어서 찾아뵙지 못하고 있습니다. 우러러보는 마음이 날이 갈수록 깊어지고, 그리워하는 정마저 깊어지고 있습니다. 이 애타는 마음, 어디에 빗대겠습니까."

장보고

? ~ 846

신라

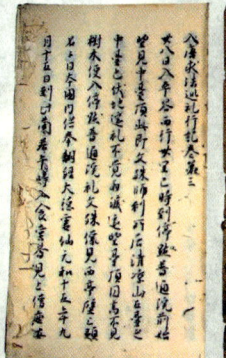

입당구법순례행기

엔닌 동상

섬마을의 두 소년, 궁복과 정년

궁복은 신라의 어느 작은 섬마을에 사는 소년이에요. 궁복의 이름은 '활을 잘 쏘는 아이'라는 뜻이에요. 궁복은 활만 쏘았다 하면 뭐든 명중시키는 재주를 갖고 있었거든요.

"궁복아!"

저 멀리 궁복의 동무인 정년이 달려오는 게 보였어요.

"천천히 와, 정년아!"

궁복은 정년보다 나이가 많았지만, 언제나 정년을 친구처럼 대했어요. 다른 친구들은 그런 궁복과 정년을 보며 말했어요.

"둘은 무얼 하든 같이라니까. 밥을 먹을 때도, 멱을 감을 때도, 산에서 땔나무를 할 때도 딱 붙어서 해."

"그러게, 둘이 잘 어울리는 젓가락 한 쌍일세!"

궁복과 정년은 날마다 섬마을 언덕에서 칼싸움을 연습했어요. 처음엔 장군 놀이를 하려던 것이었는데, 하다 보니 웬만한 장수들처럼 멋있게 보였지요.

궁복은 누구보다 진지하게 무예를 익혔어요. 그런 궁복에게 정년이 물었지요.

"궁복아, 넌 왜 그렇게 무예를 열심히 익히는 거니?"

"장군이 되려고."

"우리처럼 신분이 낮은 사람들은 절대 벼슬을 할 수 없다는 걸 모르니?"

"이 나라에선 불가능하겠지. 하지만 뱃사람들이 그러는데 당나라에선 실력만 있으면 누구든 장군이 될 수 있대."

"나도 그 얘길 듣긴 했어. 하지만 우린 한자도 모르고 당나라 말도 모르잖아."

"그러니 더 열심히 무예를 익혀야지. 누구보다 실력이

뛰어나면 장군이 될 수 있을 거야."

궁복의 꿈은 장군이 되는 것이었어요. 하지만 신분에 따라 사람을 차별하는 신라에선 도저히 이룰 수 없는 꿈이었지요. 그래서 궁복은 당나라로 떠날 결심을 했어요. 정년은 그런 궁복을 따라가기로 했지요. 정년의 꿈은 궁복이 뛰어난 장군이 되는 걸 지켜보는 것이었거든요.

"정년아, 저 배를 타면 당나라에 갈 수 있대!"

"우릴 태워 주신대?"

"그래, 방금 허락을 맡았어."

궁복과 정년은 어머니가 계신 섬마을을 향해 큰절했어요. 그리고 얼른 배에 올라탔지요. 돈도 없이, 머물 곳도 없이, 아는 사람도 하나 없이 무작정 오른 뱃길이었어요. 그래도 궁복과 정년은 마냥 설레고 행복하기만 했어요.

"넌 장군이 되면 무얼 먼저 하고 싶어?"

"난 어머니께 제일 먼저 좋은 집을 사 드릴 거다. 넌?"

"난 '궁복이 장군이 되었다', '너희들이 무시하던 궁복이가 장군이 되었다!' 이렇게 동네방네 큰 소리로 자랑할 거다."

둘은 얼굴을 마주 보며 웃었지요.

궁복은 우선 당나라 사람처럼 한자로 된 이름을 만들기로 했어요. 신라에서 궁복은 워낙 신분이 낮았기 때문에 성도 없이 이름만 갖고 있었어요.

"어떤 이름이 좋을까?"

"궁(弓)과 비슷하게 생긴 한자 장(張)을 성으로 정하면 어떻겠니?"

"그럼 복이랑 발음이 비슷한 보고(保皐)라는 이름을 쓰자."

궁복은 자신의 이름을 '장보고'로 정했어요.

"장보고! 내 친구 이름은 이제부터 장보고네."

정년은 궁복의 새로운 이름을 크게 불러 주었어요. 그렇게 둘은 배가 당나라에 닿기만을 기다렸지요.

장보고와 정년은 이윽고 당나라에 도착했어요. 장보고는 무작정 신라방을 찾아갔어요. 신라방이란 당나라에 사는 신라인들이 모여 사는 마을이었어요. 산둥반도와 항저

우 등 당나라의 동해안 중심으로 신라방이 많았지요. 장보고와 정년은 신라방에서 허드렛일을 도와주며 지냈어요.

그런 어느 날, 서주의 관리들이 군인을 뽑는다는 소식을 듣게 되었지요. 그 무렵 서주 지방은 반란이 일어나 혼란스러웠거든요.

"반란군을 진압하기 위해 병사가 많이 필요하대!"

무술에 뛰어났던 장보고와 정년은 곧장 군인이 될 수 있었어요. 둘은 당나라의 무령군에 소속됐어요.

"우리가 드디어 군인이라니!"

용맹하고 무술에 뛰어났던 장보고는 전쟁에서 계속 공을 세웠지요.

서른 즈음이 되었을 때, 장보고는 마침내 무령군의 소장이 되었답니다. 무령군 소장은 1~4천 명의 병사들을 거느리고 지휘하는 높은 직책이었어요. 사람들은 장보고를 신라의 자랑거리라며 칭찬했어요.

신라에서 끌려온 노예들

어느 날, 장보고는 정년과 함께 장터를 걷다가 허름한 차림의 신라인들을 보았어요. 그들은 노예가 되어 붙잡혀 온 사람들이었지요.

"자, 1번 노예를 팝니다! 2번 노예는 일도 잘하고 부지런합니다!"

장보고는 두 눈을 부릅뜨며 상인에게 물었어요.

"왜 신라 사람들이 노예로 팔리고 있는 것이오?"

"해적들이 신라에서 잡아 온 노예들이라오. 신라 노예는 값을 아주 후하게 받을 수 있다오. 일을 아주 잘하거든."

그 얘기를 들은 장보고는 충격에 빠졌어요.

억울하게 붙잡혀 온 신라인들이 당나라에서 이렇게 고생하고 있다는 사실을 알게 된 장보고는 가슴이 아파 견딜 수가 없었지요.

"정년아, 나는 아무래도 신라로 돌아가야 할 것 같다."

"겨우 꿈을 이루었는데 신라로 돌아간다고? 이곳에선

높은 벼슬도 얻을 수 있고 큰 부자도 될 수 있어! 하지만 신라는 아니야. 그곳에서 넌 그저 성도 없는 천민일 뿐이야."

"하지만 신라 사람들이 해적들 때문에 노예로 붙잡혀 와 고통받고 있잖아. 내가 신라의 바다를 지켜야겠어."

정년은 장보고의 결심을 꺾을 수 없었어요. 결국, 정년은 당나라에 남고 장보고만 신라로 떠났지요.

"전하, 지금 당나라에서는 신라인들이 노예로 팔려 가고 있습니다. 지금 당장 서해에 신라 진영을 설치하지 않으면 앞으로 더 많은 신라인이 당나라로 끌려갈 것입니다."

신라로 돌아온 장보고는 가장 먼저 서라벌의 신라 조정으로 가서 자신에게 해적을 무찌를 수 있는 권한을 달라고 부탁했어요.

"진영이라고? 어디에 무슨 진영을 세우라는 것이냐?"

"전하, 청해에 해적 소탕을 위한 진영을 설치할 수 있게 허락해 주소서."

청해는 지금의 완도를 말해요.

그곳은 장보고가 태어나 자란 곳이기도 하고, 당나라와 왜국을 오가는 상인들이 반드시 들르는 휴게소 같은 곳이기도 했지요.

"좋다. 그대의 이름이 무엇이냐?"

"저는 장보고라 하옵니다."

해적 때문에 골치를 앓고 있던 신라의 흥덕왕은 기뻐하며 장보고의 청을 받아들였어요. 흥덕왕은 장보고에게 1만의 군대를 내어 주었지요.

"장보고를 청해진 대사로 임명한다."

"전하, 장보고는 당나라에서 벼슬을 했을 뿐 신라에서는 성조차 없는 천민이었다고 하옵니다. 그런 자에게 벼슬이라니요!"

"그래서 대사라는 자리를 내어 준 것이오. 애초에 없던 벼슬이니 누구의 것을 빼앗은 것도 아닐 것이오. 더 이상 뭐라 하지 마시오."

흥덕왕의 말에 신하들은 아무 말도 할 수 없었어요. 그렇게 흥덕왕은 장보고를 위해 대사라는 직책을 새로 만들어 주었지요.

"부디 신라의 백성을 지켜 주시오."

아시아의 바다를 다스리는 왕

청해진을 세운 장보고는 해적단이 나타나면 쏜살같이 나가서 공격했어요. 덕분에 뱃길을 오가는 상인들은 안심하고 장사를 할 수 있게 되었고 백성들은 마음 놓고 바다에 나가 고기를 잡을 수 있게 됐지요.

"이제 더는 해적들이 올까 봐 두려워하지 않아도 돼!"

"암, 장보고 대사가 있는 한 청해진은 안전해!"

"장보고 대사 만세!"

해적들이 사라지자 바다를 오가는 배가 늘어났어요.

청해진은 바닷길을 오가는 배들의 안전한 쉼터가 되었지요. 덕분에 청해진 주변은 늘 상인들로 북적였어요.

"왜국에서 온 물건을 싸게 사서 당나라로 가져갈 것이다."

"대사 나리, 저희가 어째서 그런 일을 해야 합니까?"

"이것을 중계 무역이라고 하지. 왜국에서 싸게 구한 것을 당나라로 가져가 비싸게 파는 것이다."

"아하!"

장보고가 완도에 청해진을 세운 데는 당시의 해양 기술과도 큰 관련이 있어요.

그 당시에는 과학 기술이 크게 발달하지 못했기 때문에 배가 먼바다까지 나갈 수 없었어요. 당나라에서 왜국으로 가려면 반드시 한반도의 남쪽 해안을 따라가야 했어요. 바로 완도를 지나가야 하지요. 서역에서 온 사람들도 마찬가지였어요.

'모든 배는 이곳을 반드시 지나쳐야만 한다. 이곳에 올 때쯤 되면 먹을 것도, 마실 물도 떨어지기 마련이지. 이곳에 기지를 세우면 온 세계의 배들이 들러 가게 될 것이다.'

뱃길을 누구보다 잘 알고 있던 장보고는 청해진을 중심으로 당나라에 사는 신라인들과 교역을 시작했어요.

장보고는 신라와 당나라, 왜국을 연결하는 해상 항로를 개척하였으며, 청해진을 본거지로 당나라와 왜국을 잇는 중계 무역을 했어요. 그뿐만 아니라 아라비아와 페르시아까지 교역의 범위를 넓혔지요.

청해진은 늘 세계 여러 나라에서 온 상인들로 북적였어요. 인근에는 해적들이 얼씬도 할 수 없었지요.

"청해진에 가면 서역에서 온 물건도 구할 수 있다지?"

"거긴 해적이 나타나지 않는 안전 구역이지! 게다가 상인들이 편안히 오갈 수 있으니 배가 먼 길 가기 전에 꼭 쉬어 가는 곳이라잖아."

"거기 가면 피부가 백설기처럼 하얗고 눈이 파란 외국인은 물론이고 얼굴이 까무잡잡하게 생긴 사람들도 있대! 어디 그뿐인가! 서역 말을 잘하는 사람, 당나라 말을 잘하는 사람, 왜국 말을 잘하는 사람 등등 재주꾼도 엄청 많다지 뭐야."

청해진에 대한 소문은 신라는 물론 당나라와 주변 여러 나라에 퍼져 나갔어요. 청해진은 당나라와 왜국, 주변 여러 나라를 연결하는 무역항이 되었지요.

덕분에 장보고는 엄청난 재물을 모을 수 있었어요.

"장보고 대사가 오고 난 후 신라 사람들이 얼마나 살기 편해졌는지 모릅니다!"

"왜 그런 말도 있지 않은가. 땅은 임금님이 다스리고 바다는 해상왕 장보고 님이 다스리고!"

사람들은 어느새 장보고를 바다를 다스리는 해상왕이라 부르며 칭송하게 되었어요.

장보고는 중계 무역을 해서 번 돈으로 신라방이 많은 당나라 적산 지역에 '적산법화원'이라는 절을 세웠어요. 신라 사람들이 마음의 평화를 얻도록 해 주고 싶었던 거예요.

적산법화원은 장보고가 당나라의 신라인들과 연락을 주고받는 연락책 역할도 했지요.

"참, 왜국에서 불교를 배우기 위해 당나라로 떠나는 승려들이 있다더군. 그들을 법화원에서 지낼 수 있도록 도와주어라."

"대사님, 어째서 그렇게까지 하십니까?"

"왜국의 승려들을 잘 알아 두면 우리가 왜국과 교역을 할 때 편할 것이다. 우리에게 은혜를 입은 그들이 사람들

에게 우리의 문화를 잘 소개해 주겠지."

"아하! 역시 대사님은 남들보다 한 걸음, 아니, 열 걸음 더 앞서 나가시는군요!"

그렇게 장보고는 나날이 큰 힘을 갖게 되었어요.

장보고의 영향력은 신라뿐만 아니라 당나라와 왜국까지 퍼져 나갔지요. 실제로 왜국에서는 승려들이 장보고의 은혜에 감사하는 마음으로 절을 세우기도 했답니다.

그런 어느 날의 일이었어요.

누군가 거지꼴로 장보고를 찾아왔지 뭐예요.

"누구냐!"

"나는 정년이라고 한다. 장보고 대사님께 내가 왔다고 전해라."

정년이라는 이름을 들은 장보고는 버선발로 달려 나갔어요. 아니나 다를까, 눈앞에 정년이 서 있었지요.

"정년아!"

"당나라 군대는 지금 엉망이다. 군인들에게 월급조차 주지 못할 정도이지. 굶어 죽더라도 내 나라에서 죽는 게

나을 것 같아서 이렇게 찾아왔다."

"잘 왔어, 정말 잘 왔어!"

장보고는 정년을 따뜻하게 맞아 주었어요.

"정년아, 보아라. 이것이 내가 만든 청해라는 거대한 무역 기지란다. 나는 이 기지를 더 넓혀서 신라 전체를 무역항으로 만들 것이다. 그러면 머지않아 신라는 세계에서 가장 강한 나라가 되겠지."

장보고는 정년에게 자신이 이룩한 것들을 보여 주며 빙그레 웃었어요. 정년은 그런 장보고를 자랑스럽게 바라보았지요.

새로운 왕, 신무왕을 세우다

어느 날 밤의 일이에요.

장보고에게 낯선 손님이 찾아왔어요. 신라 왕실에서 찾아온 김우징이라는 사람이었지요.

김우징은 흥덕왕의 오촌 조카로, 장보고가 청해진을 건

의할 때 시중으로 있던 인물이에요. 김우징은 장보고의 손을 잡으며 간곡히 말했어요.

"대사! 우리를 보호해 준다면, 훗날 반드시 보답하겠소. 대사도 잘 아시겠지만 나는 신라 왕실을 이을 자격이 있는 사람이오."

장보고는 깊이 고민했어요. 김우징을 보호해 준다면 신라 귀족들의 왕위 쟁탈 싸움에 휘말릴 게 뻔했기 때문이에요.

836년, 흥덕왕이 죽은 후, 신라 조정에서는 왕위를 두고 치열한 권력 싸움이 벌어졌어요. 귀족들은 흥덕왕의 사촌 동생이자 김우징의 아버지인 김균정을 왕으로 세울 것인가, 아니면 조카인 김제륭을 왕으로 세울 것인가를 놓고 다투었어요. 그런데 김제륭과의 싸움에서 김균정이 목숨을 잃고 말았던 거예요.

김우징은 재빨리 가족들을 데리고 도성을 빠져나왔어요. 그가 안전하게 숨을 수 있는 곳은 중앙 군사의 힘이 미치기 어려운 청해진뿐이었어요.

김우징이 청해진에 숨어 있는 사이, 김제륭은 흥덕왕에 이어 43대 희강왕이 되었어요.

하지만 김명과 이홍이 반란을 일으키는 바람에 왕위를 내려놓아야만 했지요. 희강왕은 결국 스스로 목숨을 끊고 말았어요.

뒤를 이어 김명이 44대 민애왕이 되었어요. 김우징은 아버지를 죽음에 이르게 하고, 반란을 일으킨 귀족들을 그냥 두고 볼 수 없었어요. 김우징은 청해진 대사인 장보고에게 자신의 힘이 되어 달라고 부탁했지요.

"대사의 군대로 아버지의 원수를 갚게 도와주시오. 만약 내가 왕이 된다면 대사의 딸을 왕비로 만들어 줄 것을 약속하겠소."

'아! 내 딸이 왕비가 된다면……'

장보고는 가슴이 떨려 왔어요.

그동안 장보고는 신라에서 성조차 얻지 못한 천민으로 온갖 차별을 받아야만 했지요. 그런데 만약 딸이 왕비가 된다면 그야말로 엄청난 힘을 얻게 될 거예요.

'내가 힘을 얻는다면 새로운 신라를 만들 수 있을지도 몰라. 천민과 귀족의 차별 없는 세상, 당나라처럼 능력만 있으면 누구든 출세할 수 있는 그런 세상을 만들 수 있을 거라고!'

이렇게 생각한 장보고는 김우징을 돕겠다고 했어요.

"장군, 귀족들의 혀는 능구렁이 같아서 자기가 뱉은 말을 언제 그랬냐는 듯 삼켜 버릴지도 모릅니다."

부하들이 반대했지만, 장보고는 결심을 꺾지 않았어요. 장보고는 가장 믿을 만한 친구인 정년을 불렀어요.

"정년아, 지금 당장 5천의 군사를 이끌고 서라벌 도성으로 가라. 나는 청해진에 남아 만일의 사태를 대비할게. 정년아, 나는 새로운 신라를 만들고 싶다!"

정년은 청해진에서 신라 도성까지 진격해 나갔어요. 도성의 군대가 막아섰지만, 청해진의 군사를 막을 수 없었어요.

정년은 도성의 군사들을 싹 쓸어버리고 김우징을 왕좌에 앉혔지요.

그리하여 김우징은 45대 신무왕이 되었답니다.

신분의 벽에 분노했던 장보고, 암살당하다

왕위에 오른 신무왕은 자신이 왕이 되는 데 큰 도움을 줬던 장보고를 명예 관직인 감의 군사로 삼고 식읍 2천 호를 내렸어요.

식읍은 공을 세운 사람이나 왕족들에게 국가에서 나눠 준 땅을 말해요. 식읍의 주인은 그 땅 안에 사는 사람들에게 세금을 걷을 수 있고, 자신이 원할 때 마음대로 데려다 쓸 수 있는 권한까지 주어지지요. 한마디로 식읍을 가진 사람은 그 땅의 왕이 되는 거예요.

하지만 식읍을 받은 장보고는 시큰둥했어요.

"나는 이런 땅을 받고자 신무왕을 도운 게 아니다. 난 반드시 내 딸을 왕비로 만들어야겠어."

하지만 어찌 된 영문인지 왕실에서는 좀처럼 소식이 없었어요.

"아버님, 제가 정말 왕비가 될 수 있을까요?"

장보고의 딸은 시집도 가지 못한 채 기다려야만 했지요.

사실 신무왕이 장보고의 딸을 왕비로 맞이하지 못하는 데는 이유가 있었어요.

"왕비는 진골이나 성골 출신만이 가능하옵니다."

"천민 출신의 장보고를 왕의 장인으로 받들 수 없습니다."

신무왕이 장보고의 딸을 왕비로 삼겠다고 하자 신하들은 매일 반대하는 글을 왕에게 올렸어요.

그 말을 들은 신무왕은 마음이 변하기 시작했어요.

"그땐 내 처지가 너무 다급해서 그런 약속을 한 것일 뿐이지. 그런 천한 자와의 약속은 얼마든지 깰 수 있는 것 아니겠어?"

하지만 신무왕은 왕이 된 지 6개월 만에 금세 죽고 말았어요. 그리고 그 뒤를 이어 신무왕의 아들인 문성왕이 왕위에 올랐어요. 문성왕은 약속에 따라 장보고의 딸을 왕비로 삼으려고 했지요. 하지만 여전히 신하들은 반대했어요.

신라의 귀족과 신하들은 문성왕에게 장보고를 그대로 두면 힘이 더 강해질 거라고 했어요.

"전하, 장보고는 자신을 스스로 바다의 왕이라 부른다고 하옵니다. 신라의 임금은 오직 전하 한 분뿐이거늘 그 천한 자가 스스로 왕이라 하고 다니는 꼴을 그냥 두고 보실 작정입니까? 차라리 군대를 보내 장보고를 처단하소서!"

"옳습니다. 이참에 장보고를 죽여야 합니다!"

청해진에 머물고 있던 장보고 역시 신라 왕실과 귀족들이 반대한다는 소식을 전해 들었어요.

'아무리 화장실 갈 때 마음이 다르고 나올 때 마음이 다르다지만 목숨을 구걸하며 내 앞에서 무릎을 꿇었던 자가 나를 배신하다니!'

장보고는 배신감에 치를 떨었어요.

'차라리 군사를 일으켜 그동안 나를 업신여겼던 신라 왕족들을 모조리 없애 버리고 싶다!'

장보고는 청해진에 머물며 군대를 정비하기 시작했어요.

이를 눈치챈 신하들은 은밀히 장보고를 없앨 계획을 세

웠어요.

왕족들은 염장이라는 장수에게 넌지시 장보고를 죽이라고 지시했어요. 염장은 장보고와 함께 신무왕을 왕으로 세우는 일에 큰 공을 세운 장군이에요.

"하지만 내가 그를 찾아가면 의심할 것이오."

염장이 망설이자 귀족들은 한 가지 꾀를 냈어요.

"이러면 어떻소? 염장 장군 역시 왕실에 배신감을 느끼고 반란을 일으키기 위해 장보고를 찾아간 것처럼 꾸미는 것이오!"

귀족들은 일부러 염장이 왕실로부터 큰 배신을 당했다는 소문을 퍼트렸어요. 염장은 마치 신라 왕족들과 사이가 나빠진 척했지요. 그리고 나서 아주 조심스럽게 장보고를 찾아갔답니다.

"대사, 왕실에서 내게 큰 벼슬을 주기로 약속하더니 그 약속을 저버리고 말았소."

"이런!"

장보고는 자신과 똑같은 처지가 된 염장을 의심 없이 받아들였어요. 심지어 장보고는 염장을 위해 큰 잔치까지 열어 주었지요.

"나를 위해 이런 잔치를 열어 주다니, 참으로 고맙소!"

"오늘만큼은 모든 근심을 털어 버리고 즐겁게 술을 마십시다."

장보고는 병사들에게도 잔치를 즐기라고 했어요. 오랜만에 휴식을 즐기게 된 병사들은 아주 편안하게 술을 마시며 놀았지요.

그때였어요. 술을 마시던 염장이 갑자기 칼을 빼 들어 장보고를 공격했어요.

"윽!"

염장의 칼이 단번에 장보고의 심장을 퍽 찔렀어요.

"으윽!"

장보고가 피를 흘리며 염장을 노려보자 염장이 외쳤어요.

"그러게 천민 주제에 무슨 꿈을 그리도 크게 꾸셨답니까? 왕비의 아버지가 되는 꿈을 꾸다니요!"

장보고는 결국 그 자리에서 숨을 거두었어요. 술에 취한

부하들은 칼을 버리고 염장에게 항복하고 말았지요.

그렇게 신라의 발전과 번성을 꿈꾸었던 장보고는 죽음을 맞이하고 말았어요. 신라로 돌아온 지 20여 년 만의 일이었지요.

장보고가 죽은 뒤 무역 중심지였던 청해진은 폐쇄되었어요. 문성왕은 청해진 군대를 흩어지게 하고 청해진에 살던 사람들을 벽골군(지금의 김제)으로 강제 이주시켰지요.

장보고의 큰 꿈은 청해진과 함께 사라져 버렸답니다.

한 걸음 더 인터뷰

 대사님, 처음 당나라로 갈 때 두렵지 않으셨어요?

🔴 사실 당나라엔 많은 신라인이 살고 있었지. 당나라에서 활동하던 신라인들은 재당 신라인이라 한단다. 지금 외국에서 사는 대한민국 사람들을 재미 교포나 재일 동포라 부르는 것처럼 말이야. 신라인들은 자기들끼리 마을을 이루고 살았는데, 그곳을 '신라방'이라 해. 나는 그곳이라면 얼마든지 살아갈 수 있을 거란 생각을 했지.

 대사님, 정말 서해에는 해적이 많았나요?

🔴 그 당시만 하더라도 당나라는 안록산과 사사명 등이 일으킨 난 때문에 나라가 어수선한 상태였어. 곳곳에서 일어난 반란과 가뭄으로 도적 떼까지 크게 늘어났지. 바다에서 도적질과 강도질을 일삼는 사람들을 해적이라 하는데, 해적들은 툭하면 신라의 서남해안까지 세력을 뻗쳤어. 수많은 신라 사람들을 붙잡아 노예로 팔아먹었단다.

 청해진이 그렇게 유명한 무역항이었어요?

🔴 청해진은 저 멀리 당나라와 일본, 인도, 태국까지 오가는 뱃사람들이 찾는 무역 기지였지. 우리나라는 면적이 작고 자원도 풍부하지 않아. 그러니 살아남으려면 무역을 해야만

한단다. 그래서 나는 주변 상인들이 청해진에서 다른 여러 나라의 물건을 사고팔 수 있도록 큰 시장을 열었어. 생각해 보렴, 중국 상인이 일본까지 가려면 그만큼 품이 많이 들겠지. 그런데 가까운 신라에서 일본 물건을 싸게 살 수 있다면 얼마나 이득이겠어? 그러니 청해진은 무역항으로서 정말 대단히 번성했단다.

 정말 청해진엔 없는 게 없었겠군요!

● 그렇지. 청해진에선 당나라 물건은 물론 아라비아의 유리구슬과 크리스털 잔까지 구할 수 있었어. 청해진에서 귀한 물건들을 구할 수 있게 된 신라 귀족들은 사치를 부리느라 나랏돈을 흥청망청 썼지. 흥덕왕이 너무 비싼 옷과 장신구를 쓰면 안 된다는 법을 만들었지만 귀족들은 아랑곳하지 않았어.

 대사님이 살아 계셨다면 신라는 어떤 모습이었을까요?

● 내가 활약했던 20여 년의 시간 동안 신라는 아시아의 강력한 무역 국가였어. 하지만 내가 죽고 청해진이 폐쇄되자 신라의 경제 또한 전과 같지 않았지.
내가 살아 있었다면 신라는 동아시아의 무역 상권을 손에 넣어 육지의 실크 로드를 바닷길을 통해 신라까지 연결했을 거야. 그랬다면 신라는 세계 속의 무역 기지로 성장했겠지.

장보고 대사님

4장

최치원

당나라에서 문명을 떨친 신라의 개혁 학자

중국, 전국인민대회에서 최치원 다큐멘터리 상영

2007년 중국, 전국인민대회에서 특별한 영상이 상영되었다. 「동국유종 최치원(동쪽 나라의 큰 유학자)」이라는 다큐멘터리 영화였다. 최치원의 아름다운 시를 소개하고 당나라에서의 어떤 활약을 했는지 보여 주었다.

중국의 전국인민대표대회는 중국의 법과 중요한 정책을 결정하는 곳으로, 중국 각지의 성과 자치구에서 뽑힌 대표들로 이루어진다. 우리나라의 국회와 비슷한 일을 하는 곳이다.

▶ 최치원
◀ 전국인민대회당

양저우시, 중국 최초로 최치원 기념관 건립

최치원은 중국에서 '당송 100대 시인'으로 손꼽히며 여전히 인정받고 있다. 중국 양저우시는 2007년 당성(당나라 시대의 성) 유적지 안에 최치원 기념관을 세웠다. 이 기념관은 사상 첫 번째로 세워진 외국인 기념관으로 유명하다.

이곳에 최치원 기념관이 세워진 것은, 최치원이 회남 절도사 고변의 종사관으로 5년간 근무하며 활약했기 때문이다.

◀ 최치원 기념관
◀◀ 기념관 내 최치원상

당나라 황제도 부러워한 대문장가 최치원!

중국에서 전해 오는 최치원 전설!

중국 역사서에는 1,100년 동안 대대로 전해져 오는 전설이 있다. '쌍녀분'이라는 전설이다. 당나라의 관리였던 최치원은 어느 날 쌍녀분 앞을 지나가게 되었다. 쌍녀분은 부모님이 강제로 맺어 준 결혼을 피해 스스로 목숨을 끊은 장씨 자매의 무덤이었다.

고을 사람들에게 이야기를 들은 최치원은 시를 지어 두 자매를 위로했고, 이에 감동한 혼령들이 최치원을 찾아왔다고 한다. 이 전설로 인해 중국 사람들은 아직도 최치원에게 제사를 지내며 명복을 빌고 있다. 쌍녀분은 오늘날 중국 양자강 남쪽 고순현에 남아 있다.

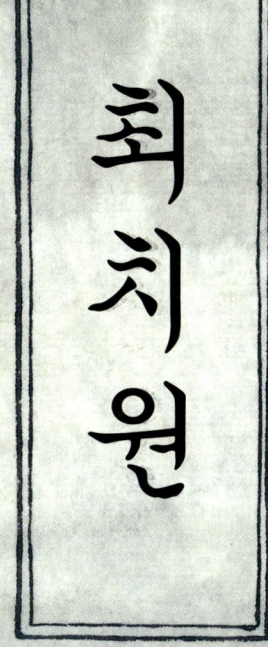

최치원

857년 ~ ?

신라

중국 지도자, 연설에 최치원의 시를 인용하다

중국에서 최치원은 대문장가이자 중국과 한국을 연결하는 상징적인 인물로 평가받고 있다. 중국의 지도자인 시진핑은 한국과 중국의 수교를 기념하는 연설문에서 최치원의 시를 인용하기도 했다.

범해(泛海)

푸른 바다에 돛배 띄우니
바람이 만 리 너머에서 불어오는구나
뗏목에 오르니 한나라의 사신 떠오르고
불로초 찾던 진나라의 아이가 생각나는구나

해와 달은 텅 빈 허공 밖에 걸려 있고
하늘과 땅은 태극 중심에 있네
가까이 봉래산 보이니
나도 신선을 찾아가야겠구나

세상을 깜짝 놀라게 한 신동

"이제 배가 곧 도착할 것이다. 10년이다. 10년 안에 무조건 과거에 합격하고 신라로 돌아오너라."

아버지의 말대로 커다란 배가 선착장에 도착했어요. 소년은 떨리는 마음으로 배에 올라탔지요.

이제 곧 배는 신라를 떠나 드넓은 당나라를 향해 갈 거예요. 소년은 아는 사람 한 명 없는 당나라 땅으로 가는 것이 두려웠지만, 애써 그런 표정을 보이지 않으려고 입술을 꽉 깨물었어요. 아직도 부둣가에 계신 아버지께 표정을 들킬까 걱정됐거든요.

"아버지……. 반드시 당나라에 가서 제 꿈을 펼치겠습니다."

소년은 아버지를 향해 나지막하게 말했어요. 아마 그 말은 아버지의 귀에는 들리지 않았을 거예요. 하지만 소년은 다짐이라도 하듯 이런 말을 한 것이지요.

소년의 이름은 최치원.

나이는 고작 열두 살밖에 되지 않았어요. 최치원은 어려서부터 신동으로 소문난 아이였어요. 사람들은 최치원의 영특한 모습을 보고 몹시 놀라워했지요. 하지만 최치원이 제아무리 뛰어난 능력을 갖췄더라도, 신라에서 할 수 있는 일은 정해져 있었어요. 신라에는 골품제라는 신분 제도가 있었기 때문입니다.

골품제는 사람의 신분을 여덟 개의 등급으로 나누었어요. 가장 높은 등급은 '성골'인데, 성골은 능력에 상관없이 왕이 될 수 있었어요. 그 외 '진골'과 6두품부터 1두품까지의 등급이 있는데, 이 중 6두품과 4, 5두품은 벼슬은 할 수 있어도 높은 직책을 맡을 수 없었고, 1, 2, 3두품 출신은 능력이 아무리 뛰어나도 벼슬을 할 수 없는 평민들이었어요.

최치원은 네 살 때 한자를 깨치고 열 살 때 사서삼경을 술술 외울 정도로 똑똑한 아이였어요. 하지만 최치원의 아버지는 6두품이었기 때문에, 최치원이 제아무리 똑똑하다 해도 정해진 벼슬밖에 할 수가 없었어요.

"저토록 영민한 아이가 신분 때문에 꿈을 펼칠 수 없다니!"

최치원의 아버지는 그를 당나라로 유학 보낼 결심을 했어요. 당나라는 신분과 상관없이 능력만 있으면 얼마든지 높은 벼슬을 주고, 외국인이라도 과거에 합격하면 벼슬길을 열어 주었거든요.

"치원아, 넌 신라라는 작은 그릇에 담겨 있을 아이가 아니다. 넓은 당나라로 가서 네 꿈을 마음껏 펼치거라."

"아버지! 10년만 기다려 주세요. 그 안에 반드시 높은 벼슬을 하고 돌아오겠습니다."

이렇게 해서 최치원은 열두 살 어린 나이에 혼자 당나라 유학길에 올랐어요.

당나라에 도착한 최치원은 수도인 장안으로 향했어요. 장안에는 황제의 명령으로 세워진 특별 학교가 있었는데, 그곳은 '국자감'이라는 곳이었어요.

국자감은 최고의 교육 기관이었어요. 그러다 보니 이웃 나라인 고구려, 백제, 왜국, 서역 등 여러 나라에서 몰려든 유학생으로 북적거렸지요. 국자감은 학생 수만 해도 8,000여 명이나 됐어요.

"반드시 최고의 학자가 되어 신라로 돌아갈 거야!"

국자감의 웅장한 모습을 바라보며 최치원은 의지를 다졌어요.

국자삼에 입학한 최치원은 외국 학생들뿐 아니라 당나라 학생들과도 경쟁해야 했어요. 신라인이었던 최치원에게 그것은 결코 쉬운 일이 아니었어요. 최치원은 신라 말과 다른 당나라 말을 배우기도 벅찰 정도였지요.

"어이, 치원! 자네는 또 하루 종일 방구석에 앉아 책만 보고 있을 것인가? 기왕 다른 나라까지 왔으니 구경도 좀 하고 그러라고."

"그래, 우리가 언제 당나라를 구경해 보겠나."

유학생들은 쉬는 날이면 삼삼오오 어울려 구경하러 다니곤 했어요. 하지만 최치원은 잠을 줄이고 식사 시간을 아끼는 것은 물론, 엉덩이가 짓물러 고름이 생겨도 아랑곳하지 않고 앉아서 책을 읽고 또 읽었지요.

뿐만이 아니었어요. 최치원은 공부하다 잠이 오면 상투에 끈을 묶어 천장에 매달아 놓았어요. 졸다가 자기도 모르게 고개를 숙이면 머리가 땅겨서 저절로 잠이 깼거든요.

어떤 날은 그렇게 머리가 땅기는 아픔에도 불구하고 잠이 쏟아질 때가 있었어요. 그럴 때면 최치원은 생선 가시로 무릎을 꽉 찔렀어요.

"으악!"

생선 가시가 무릎을 꽉 찌르면 눈물이 쏙 날 만큼 아팠지요. 하지만 그 덕에 잠이 저 멀리 달아날 수 있었던 것입니다.

'그래, 남들이 백 번을 노력하면 나는 천 번을 노력해야 해. 그래야 아버지께 자랑스러운 아들이 될 수 있어.'

그렇게 최치원은 밤잠도 참아 가며 책을 읽고, 읽고 또 읽었어요.

그 덕분에 최치원은 874년, 열여덟 살이 되던 해 당나라에서 시행하는 '빈공과'라는 과거 시험에 합격하게 되었어요. 빈공과는 외국인도 치를 수 있는 과거 시험이랍니다. 당시 외국과 널리 교역했던 당나라는 누구에게든 능력만 있으면 벼슬을 주었어요. 능력이 뛰어난 사람들에겐 신분의 차별 없이 기회를 얻을 수 있는 나라인 셈이었지요.

"이번 빈공과의 장원은 최치원이오!"

고작 열여덟 살의 나이에 장원을 차지한 최치원에 대한 소문은 신라까지 파다하게 퍼졌지요.

황소의 난을 글로 격퇴하다

최치원은 말단 관리가 되어 일했어요. 이때 최치원은 틈이 날 때마다 당나라 동쪽 지방인 동도 낙양을 여행하며 수백 편의 시를 지었어요. 최치원은 아름다운 경치를 보고 시를 지으며 사는 것이 더없이 즐거웠지요. 하지만 신라에 계신 아버지를 생각하면 더 높은 벼슬을 얻어야 했어요.

'그래, 아버지께선 나의 출세를 손꼽아 기다리고 계실 것이다.'

최치원은 더 높은 벼슬을 얻기 위해 승진 시험을 준비하려 말단 관리 일을 그만두고 산에 들어갔어요. 하지만 당시 당나라에서는 여러 난이 일어나 혼란스러워 그랬는지 승진 시험조차 열리지 않았어요. 그러자 최치원은 형편이 아주 어려워졌어요. 그때 마침 회남 지방을 다스리던 '고변'이라는 벼슬아치가 최치원을 대견하게 여겼어요.

"이럴 것이 아니라 차라리 내 밑에서 일을 하면 어떻겠소?"

최치원은 그때부터 세금을 걷고 곡물을 운송하는 일을 하는, 이전보다 비교적 높은 관리가 되어 일했어요.

그런데 이 무렵 당나라 사람들은 가뭄 때문에 몹시 고통스러운 하루하루를 보내야만 했어요. 거리엔 굶어 죽은 사람들이 즐비할 정도였지요.

그러나 당나라 희종 황제는 백성들을 돌볼 생각은 하지 않고 오히려 황실의 곳간을 채울 궁리만 했어요.

"그래, 백성들에게 꼭 필요한 것이 바로 소금이지! 소금을 사고팔 때마다 세금을 내게 하면 엄청난 돈을 거둬들일 수 있을 거야!"

황제는 소금에 세금을 매겨 버렸어요. 그러자 세금을 낼 형편이 되지 못한 백성들은 몰래 소금을 구하러 다녔어요. '황소'라는 사람은 그런 사람들에게 몰래 소금을 팔았지요. 그러자 황실과 조정에서 몰래 소금을 파는 사람들을 잡아 큰 벌을 주기 시작했어요.

황소는 백성들이 이렇게 어려울 때 황제와 관리들만 잘 먹고, 잘사는 것이 불공평하다고 생각했어요. 그래서 가뭄과 세금 때문에 모든 것을 잃은 가난한 농민들을 모아 반란을 일으켰어요.

황소는 당나라의 수도인 장안을 점령한 후 스스로 황제라 부르며, 세력을 넓혀 갔어요. 황소는 아예 나라를 새로 세우려고 했지요.

　장안을 빼앗기고 사천으로 몸을 피한 당나라 황제는 황소의 반란에 몹시 분노했어요.
　"네 이놈! 황소를 가만두지 않겠다!"
　황제는 회남 지방의 책임자인 고변에게 황소의 난을 격퇴하라는 명을 내렸어요. 그러자 고변은 최치원을 황소 토벌대의 종사관으로 삼았어요.

그 무렵 최치원은 승진하여 '도통순관'이라는 꽤 높은 관리가 되어 있었어요. 위로는 황제와 재상에게 전쟁의 상황을 보고하고, 아래로는 각 군영의 장수에게 명령을 작성해 보내는 중요한 임무를 맡았지요.

어느 날, 최치원은 뛰어난 문장력으로 황소에게 항복을 권유하는 글을 써 내려갔어요. 먼저 도(道)와 권(權)을 내세워 세상이 바르게 돌아가는 이치를 알려 주고, 황소 무리의 신중하지 못한 행동을 깨닫고 뉘우치게 하는 내용이었지요.

대체로 바른 것을 지켜 떳떳하게 행동하는 것을 '도'라 하고, 위험한 때를 생각해 일을 처리하는 것을 '권'이라 한다.

지혜로운 사람은 시대에 맞춰 성공하지만, 어리석은 자는 이치를 거슬러 패배하는 법이라는 걸 너는 듣지 못하였느냐?

"하늘이 아직 나쁜 자를 내버려 두는 것은 그 죄가 늘어났을 때 더 큰 벌을 주려는 것이다."

……너는 어리석게 고집부리지 말고, 기회를 줄 때 한시라도 빨리 잘

못을 고치도록 하라.

그 밖에 황소의 잘못에 대해 무섭게 몰아치며 경고하는 내용도 있었어요. 「토황소격문」이라고 불리는 이 글에는 마치 황소를 직접 꾸짖는 듯한 호탕한 기개가 어려 있었지요.

들어라, 앞으로 온 세상 사람들이 너를 공격할 것이며, 땅속의 귀신들도 너를 죽이려고 달려들 준비를 끝냈다. 지금은 네가 숨이 붙어 있지만, 곧 넋을 빼앗길 것이다.

최치원의 글을 읽은 황소는 마치 자신의 눈앞에서 최치원이 꾸짖는 것만 같았어요. 겁에 질린 황소는 부르르 떨면서 침상에서 굴러떨어지고 말았어요. 이 소문은 사방으로 퍼져 나갔답니다.

최치원은 자신이 쓴 글을 곳곳에 뿌렸어요. 사람들이 이 글을 읽고 황소에게 힘을 보태지 않도록 하기 위해서였지요.

그 후 황소가 일으킨 군대는 힘을 잃고 당나라군에 격퇴

되었어요.

"사실 황소를 물리친 것은 군인들의 칼보다는 최치원의 글이지!"

"암, 나도 그렇게 생각해!"

사람들은 최치원의 시원하고 막힘없는 글이 황소를 물리치는 데 가장 큰 공을 세웠다며 입을 모아 칭찬했어요.

이 소식을 들은 당나라 황제는 최치원의 공을 칭찬하며 자금어대를 내렸어요.

자금어대란 정5품 이상의 높은 관리가 공을 세웠을 때 받는 붉은 주머니입니다. 이 주머니를 허리띠에 차고 다닐 수 있었지요. 이것은 당나라의 높은 벼슬아치들도 함부로 가질 수 없는 귀한 물건이었어요.

"최치원이라는 사람은 천재라는군! 글을 얼마나 잘 쓰는지 귀신조차 감동시킬 정도라는 거야!"

"최치원의 글을 읽으면 깊은 깨달음을 얻을 수 있다고 하더라고."

황소의 난 이후 최치원은 당나라에서 아주 유명해졌어

요. 그의 뛰어난 글솜씨에 대한 소문이 당나라 곳곳으로 퍼져 나갔고, 황제도 최치원을 몹시 믿고 아꼈지요. 하지만 인기가 높아진 만큼 최치원을 시기하고 질투하는 사람들도 많아졌어요.

"신라에서 온 주제에 황제의 사랑을 독차지하다니!"

"흥, 최치원이 신라에선 높은 벼슬도 못 할 정도로 낮은 신분이었다죠?"

최치원을 미워한 벼슬아치들은 툭하면 그를 헐뜯고 흉봤어요. 최치원의 마음은 갈수록 불편해질 수밖에 없었지요.

'지금쯤 내 고향 마을에는 단풍이 들었을 텐데. 아기 손처럼 고운 그 단풍 숲이 보고 싶구나…….'

최치원은 매일 밤 고향 생각을 하며 눈시울을 적셨어요. 고향의 가족들도 그립고 친구들과 함께 뛰어놀던 마을 곳곳이 떠올랐던 거예요.

최치원이 고향에 돌아가고 싶어 하는 것을 안 황제가 말했어요.

"이번에 사절단이 신라에 갈 일이 생겼다. 그대가 당나라 사절단 자격으로 신라에 가는 것은 어떻겠는가?"

덕분에 최치원은 신라로 돌아갈 수 있게 되었어요. 그때 최치원의 나이는 스물아홉 살이었어요.

고향을 떠난 지 17년 만에 다시 신라로 돌아가게 된 거예요.

내 나라에서 꿈을 펼치자!

최치원이 돌아오자 신라의 헌강왕은 무척 기뻐했어요.

"그대는 당나라에서 오랜 기간 공부를 하고 큰 벼슬까지 얻었다지? 부디 신라에서 나라에 보탬이 되어 주시게."

"전하, 기회만 주신다면 이 한 몸 다 바쳐서 신라에 보탬이 되겠습니다."

헌강왕은 최치원을 시독 겸 한림학사로 임명했어요. 그것은 당에 보낼 글을 쓰는 관직이었지요.

최치원은 유교에 능통할 뿐 아니라 당나라에 대해서도 잘 알고 있었기에 외교 문서를 관리하는 일에 아주 뛰어났어요.

"쳇, 당나라에서 벼슬을 한 게 뭐가 중요해? 그래 봤자 6두품 출신인 주제에!"

"내 말이! 어째서 전하께선 저런 자를 감싸시는 건지!"

"이럴 게 아니라 당장 전하께 상소를 올리세. 우리 신라엔 계급이 있다는 걸 단단히 보여 주어야 해."

신분이 높은 귀족들은 최치원을 눈엣가시처럼 여겼어요. 귀족들은 헌강왕에게 툭하면 최치원의 일을 트집 잡아 상소를 올리고, 험담을 늘어놓았지요. 하지만 헌강왕은 최치원을 믿고 아껴 주었어요.

최치원은 그런 헌강왕을 도와 나라를 공평하고 풍요롭게 만들고 싶다는 생각에 가슴이 벅찼지요.

'그래, 내가 꿈을 펼칠 곳은 당나라가 아니라 바로 이곳, 내 고향 땅이야!'

최치원은 누구보다 열심히 일했어요.

하지만 그런 최치원에게 예상치 못한 위기가 닥쳐왔어요. 바로 헌강왕이 돌연 죽음을 맞이하게 된 것입니다.

헌강왕의 뒤를 이어 진성여왕이 왕위에 올랐어요. 이때다 싶었던 귀족들은 최치원을 내쫓으려고 작정을 했어요.

"고작 6두품 신분인 그자에게 한림학사는 전혀 어울리지 않습니다. 그를 변방으로 내쫓아 나라의 근간을 바로잡으소서."

　결국, 최치원은 태안군의 태수로 내려갈 수밖에 없었어요. 그래도 조정의 일에 큰 관심을 가지고 지켜보며 자신이 할 일은 없을까 늘 생각했지요.

　한편, 진성여왕은 처음에는 백성들을 위해 노력했지만 안타깝게도 점차 정치에 관심을 잃어 갔어요.

　최치원은 마음이 너무 아팠어요.

"당나라에서 누릴 수 있는 많은 것들을 포기하고 고향에 돌아왔지만, 신라에서의 생활은 내가 기대했던 것과 너무 다르구나. 정치는 썩어 있고, 엄청난 세금으로 백성들은 괴로워하고 있구나."

　견디다 못한 백성들은 곳곳에서 반란을 일으켰어요. 반면 귀족들은 신분제 덕에 먹고살 걱정 없이 사치스럽고 편안하게 살았지요.

"귀족들은 단지 신분이 높다는 이유만으로 아무런 노력도 없이 높은 벼슬을 얻고, 능력이 뛰어난 사람들은 신분이라는 굴레 때문에 뜻을 펼치지 못하다니!"

더욱 안타까운 것은 진성여왕의 힘은 지방에까지 미치지 못한다는 것이었어요. 지방 호족들은 자신들의 힘을 점점 키워 가더니 마치 왕이 된 듯 굴었어요.

"아! 신라마저 황소의 난이 일어났던 당나라와 크게 다르지 않구나! 이대로 가다간 나라에 큰일이 날 것이야!"

최치원은 자신이 당나라에서 공부하며 얻은 경험과 생각들을 신라를 위해 쓰고 싶었어요. 그래서 나라를 올바르게 세우기 위한 10개의 개혁안을 만들어 진성여왕에게 올렸지요. 가장 시급한 일을 처리할 방법이라는 뜻에서 '시무책 10조'라 제목을 붙였어요.

최치원의 시무책 10조는 오늘날 남아 있지 않아 내용을 알 수 없지만, 훗날 고려 시대의 최승로가 올린 시무 28조를 살펴보면 어떤 내용인지 짐작해 볼 수 있어요.

능력에 따라 인재를 뽑고, 백성들의 피땀을 짜내야 하는 연등회나 팔관회 같은 국가 행사를 줄여야 하고, 관리들은 백성을 대할 때 공손하고 친절해야 하며, 왕은 나라를 다스릴 때 유교의 통치 이념을 따라야 한다는 내용 등일 것으로 추측해요.

"이것이 무엇입니까?"

"가장 시급한 일을 처리할 방법들입니다. 이 방법을 이용하면 나라를 안정시키고 백성들의 삶을 넉넉하게 만들 수 있을 것입니다."

진성여왕은 시무책 10조를 보고 최치원을 아찬으로 승진시켰어요. 그러나 신하들의 반대에 부딪히고 말았어요. 결국 시무책 10조는 받아들여지지 못했지요.

최치원은 크게 실망했어요.

"아! 신라 조정에서 내가 할 수 있는 것이 정말로 없단 말인가!"

당시 신라는 지방 호족들의 힘이 너무 세져서 중앙 정부를 위협할 정도였어요. 그들은 자신들의 힘을 자랑하며,

왕실에 바쳐야 할 세금도 제대로 내지 않았어요. 세금이 제대로 걷히지 않으니 나라 살림이 크게 나빠졌고, 결국 그것을 채우기 위해 백성들을 계속 쥐어짰어요.

'내가 고작 6두품 출신이라는 것이 서럽구나. 이토록 망가져 버린 신라를 바꿀 힘이 없다는 것이 서러워!'

신선이 된 천재

가을바람에 괴롭게 시를 외노라

세상에 나를 이해하는 이가 드물구나

깊은 밤 창밖엔 비가 내리는데

등불 앞에 있는 마음은 머나먼 만 리 밖을 달리는구나

어느 깊은 밤, 최치원은 바깥 풍경을 바라보며 쓸쓸한 목소리로 시를 지었어요. 제목은 「추야우중(秋夜雨中)」으로, 가을밤 빗속에서 지은 시예요.

"어째서 그런 슬픈 시를 지으십니까?"

최치원의 아내가 묻자 그는 쓸쓸한 표정으로 한숨을 내쉬었어요.

"내가 신분의 한계를 뛰어넘고자 당나라로 건너갔던 것이 열두 살 어린 나이였소. 그곳에서 큰 출세를 하고 다시 돌아왔지만, 나의 조국인 신라는 달라진 것이 아무것도 없구려."

"서방님……."

"나는 여전히 신라에서 무엇도 할 수 없는 6두품일 뿐이오."

결국, 최치원은 관직을 떠나기로 결심했어요.

이런 결심을 하게 된 건 최치원이 당나라에서 돌아온 지 10여 년이 지난 898년, 그의 나

이 마흔한 살 때의 일이었어요. 모든 것을 훌훌 던져 버리기로 결심한 최치원은 경주에서 강주로, 강주에서 합천으로, 다시 지리산으로, 부산으로 여행을 다녔어요. 그러다 나이가 들자 해인사에 머물며 글을 쓰기 시작했어요. 해인사에 머무는 동안 최치원은 다양한 불교 관련 책을 썼어요.

최치원은 불교를 통해

나라를 지키는 힘을 얻을 수 있으리라 믿었어요. 그는 유교를 공부한 유학자였지만, 불교와 도교에도 관심이 많았어요. 당나라에 머물 동안 도교를 연구하기도 했지요.

그는 덕이 높은 스님을 기리는 비석에 유교나 도교의 경전 내용을 기록하기도 했어요. 최치원은 유교, 불교, 도교의 최종 목적은 같은 것이기에 따로 구분하는 것이 의미가 없다고 생각했어요.

'비록 신라의 귀족들이 나라를 어지럽히더라도 백성들이 불교를 믿고 따른다면 그 힘으로 나라를 지킬 수 있을 것이다.'

그래서 최치원은 백성들이 쉽게 알 수 있는 불교 경전을 쓰고자 애를 쓰기도 했어요.

그러던 어느 날, 최치원의 모습이 사라져 버렸답니다.

사람들은 최치원이 신선이 되어 하늘로 올라갔을 거라고 생각했어요. 그만큼 최치원은 남다르고 특별했기 때문입니다.

최치원의 시와 글은 비단 중국에만 영향을 미친 것이 아니랍니다. 바다 건너 일본에서도 최치원을 동경하고 그 시를 사랑하는 학자들이 아주 많지요.

최치원은 아직도 우리나라뿐만 아니라 중국과 일본 학자들에게 전설처럼 이야기되고 있는 정치가이자 시인, 그리고 학자랍니다.

한 걸음 더 인터뷰

 신라는 신분 차별이 그렇게 심했다면서요?

💬 그래, 신라 사람들은 신분에 따라 입을 수 있는 옷의 색깔이나 집의 크기도 달랐어. 심지어 타고 다니는 마차의 장식에도 차이가 있을 정도였지. 신분은 자손들에게도 그대로 이어졌어. 두품에 속해 있는 사람들은 아무리 공부를 잘하고 똑똑해도 높은 관직에 오를 수 없었지. 그래서 아버지께선 나를 당나라로 유학을 보냈던 거야. 그곳은 신분이 아니라 능력으로 벼슬을 얻을 수 있는 기회의 땅이었거든.

 최치원 님은 얼마나 글을 잘 쓰신 거예요?

💬 나는 신라의 헌강왕에게 『계원필경집』이라는 문집을 선물했단다. 자랑처럼 들리겠지만, 내가 당나라에 있을 때 쓴 글이 약 1만 건이 넘거든. 그중에 제일 좋은 것들만 골라서 책으로 만든 문집이지.
아직도 중국에선 내가 당나라에 있을 때 쓴 수많은 글들이 책으로 엮여 보존되고 있어. 내 글을 세상 그 어떤 보물과도 바꿀 수 없을 정도라나? 훗, 내가 그 정도로 글을 잘 썼던 거지.

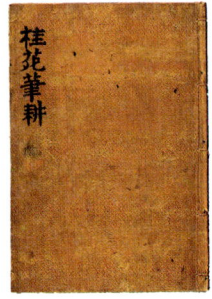

계원필경집

당나라에서 과거에 급제한 신라 사람들이 많았나요?

🔵 그럼! 공교롭게도 모두 '최 씨' 성을 가진 천재가 셋 있었지. 신라 말기와 후삼국 시대에 활동했던 문인들이었는데, 나를 비롯해 최승우, 최언위라는 6두품의 학자들이었단다. 우리들은 모두 우수한 성적으로 과거에 급제했지. 우리들처럼 뛰어난 인재가 당나라로 가서 뜻을 펼쳐야만 했다는 것이 얼마나 서글픈 일인지 모른단다.

 부산 해운대는 최치원 님의 호를 딴 것이라면서요?

🔵 그래, 나의 호인 해운을 따서 이름을 지은 곳이 바로 해운대이지. 그곳이 내가 자주 가던 곳이었거든.
나는 '고운'이라는 호도 가지고 있단다. 나를 모델로 쓴 책 중에 『최고운전』이라는 소설이 있어. 누가 언제 썼는지 모르지만, 한문본과 한글본이 전해지고 있어. 내 일생을 이야기로 쓴 것인데, 약간 과장된 점도 있긴 하지. 그 책에선 내가 탐관오리들을 혼내 주고 신선이 되어 하늘로 훌훌 날아갔다고 되어 있거든. 나도 그 책을 읽으며 이런 생각을 했지. 아, 내가 정말 신선만큼 능력이 있었다면 우리 신라를 바꿀 수 있지 않았을까!

학자 최치원 님

5장

허준

글로벌 베스트셀러를 쓰다

일본에서 반드시 읽어야 할 의서로 인기 폭발!

『동의보감』은 바다 건너 일본에서도 큰 인기를 누렸다. 에도 시대에 반드시 읽어야 할 의서로 인기가 많았다. 일본어 번역본 중에는 일부분이 한글로 되어 있는 것도 있어서 그 시대 한글을 연구하는 자료로도 사용되고 있다.

『동의보감』, 중국에서 우리나라로 역수입되다!

『동의보감』의 명성은 조선을 넘어 중국까지 퍼졌다. 1763년 중국에서 처음 번역된 후 수십 번이나 다시 번역되었을 정도다. 중국 사신단이 가져간 『동의보감』을 출판업자들이 번역해 중국 각지에 팔곤 하였다.

따라서 중국을 방문한 우리나라 사신들이 『동의보감』을 사서 가져오는 일이 종종 있었다. 『동의보감』을 제외하고는 우리 책이 중국어로 번역되는 경우는 그리 많지 않았다. 『동의보감』은 현대까지도 계속 새롭게 번역되고 있다.

1995년 한국에 방문한 장쩌민 당시 중국 국가 주석은 『동의보감』 덕분에 중국 사람들도 큰 병을 쉽게 고칠 수 있게 되었다며 중국 의학조차 『동의보감』의 영향을 받았다고 말했다.

전통 의학을 이어받으면서도 독창성과 대중성을 추구하다!

『동의보감』은 몸과 질병에 대한 의학 이론, 처방, 약물, 침구 등 한의학의 핵심 내용을 담고 있다. 자세하고 꼼꼼한 편집과 독창적인 구성이 돋보이며 의학 이론이 짜임새 있고 조리 있게 나와 있다. 그 당시의 중국 의서를 참고했을 뿐 아니라 기존의 의서 『향약집성방』, 『의방유취』 등에 나타난 한국 전통 의학을 이어받았다. 그리고 약초 이름 등을 한글 이름으로 표기해 대중들이 다가가기 쉽게 만들었다. 이후 한글로 번역된 『동의보감』 언해본 역시 의학을 대중화하는 데 큰 역할을 했다.

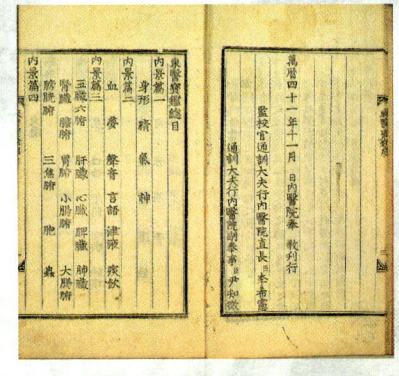

동의보감 목차

세계가 놀란 의학 책, 동의보감을 만든 허준!

우리나라 최초의 글로벌 베스트셀러!

허준

『동의보감』은 1613년 광해군 때 출간되었다. 허준이 임진왜란 기간에도 포기하지 않고 완성해 낸 책이다. 수많은 동양의 의학서를 참고하고 분석한 후 실제 치료법까지 설명한 종합 의학책이다. 이 책은 일본과 중국에까지 전해져 1766년 중국판 서문에는 '이 책은 세상의 보배이니 마땅히 온 세상이 다 같이 가져야 할 것이다.'라고 하였고, 1724년 일본판 발문에서는 '백성을 보호해 주는 경전이요, 의가에서 가장 소중히 보관되는 책이다.'라 하여 그 가치를 높이 평가하고 있다. 『동의보감』은 중국을 비롯해 일본, 베트남, 몽골 등 세계 여러 나라의 말로 번역되었던 최초의 글로벌 베스트셀러였으며, 허준은 동양의 베스트셀러 작가로 명성을 떨쳤다.

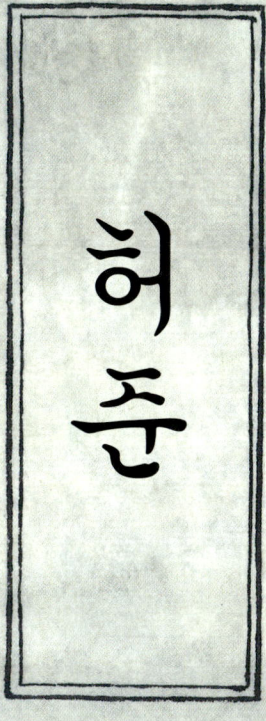

허 준

1539 ~ 1615

조선

유네스코 세계 기록유산이 된 『동의보감』!

2009년 7월, 유네스코에서는 『동의보감』을 세계 기록유산으로 지정했다. 우리나라에는 『훈민정음』을 비롯해 『난중일기』, 『조선왕조실록』, 『승정원일기』 등 10여 개의 세계 기록유산이 있다. 그중에 세계 유일의 의학 서적 『동의보감』이 있는 것이다.

동의보감

담장 없는 의원

"아랫집 할머니 말이요, 요즘 소변을 제대로 못 보고 밥도 잘 못 먹는데 살이 포동포동 찌더라니까."

"에이, 무얼 먹어 찌는 살이 살이지! 못 먹었는데도 살찐다는 건 병이지."

냇가에 앉아 빨래하던 아낙들이 이야기를 주고받았어요. 우연히 그 이야기를 들은 허준은 크게 헛기침을 했지요.

"에구머니!"

놀란 아낙들이 자리에서 일어나자 허준이 말했어요.

"이야기에 끼어들어 미안한데, 그 할머니께 옥수수를 따고 버리는 수염을 약처럼 쓰라고 하시오."

"그걸 왜요?"

"그것을 잘 말려 두었다가 차처럼 끓여 마시면 소변이 시원해질 것이고, 부어오른 살도 금방 빠질 것이오. 아, 나는 허준이라는 의원이라오."

허준의 말을 들은 아낙들은 고개를 갸웃했어요.

"그 흔한 옥수수수염이 약이 되나요? 약은 비싸고 귀한 약재로만 만드는 것인 줄 알았는데……."

"그렇지 않소. 세상엔 아주

흔하고 쉽게 구할 수 있지만 좋은 약재도 무척 많다오."

허준은 아낙들에게 이렇게 일러 주고 돌아갔어요.

그런데 며칠 뒤, 집 앞에 사람들이 줄을 섰지 뭐예요. 놀란 허준이 문을 열고 나오자 사람들이 우르르 몰려들었어요.

"의원님, 우리 애 좀 살려 주세요!"

"의원님, 우리 아버지가 다리를 다쳤는데 살이 썩어 가고 있어요!"

허준은 우선 아낙의 등에 업힌 아이부터 진맥을 시작했어요. 아이의 맥은 불안하기 그지없었어요. 게다가 이마가 불덩이처럼 뜨거웠지요.

허준은 서둘러 아이의 탕약을 준비했어요. 그러자 그 모습을 본 아낙이 눈물을 흘리며 말했지요.

"의원님, 약을 제대로 쓰려면 돈이 엄청 많이 들 텐데……. 저희는 가진 게 없어요. 제발 아랫마을 할머니한테 일러 준 것처럼, 큰돈을 들이지 않고도 병을 고칠 방법 좀 알려 주세요!"

그러자 허준이 조용히 말했어요.

"방풍나물 한 근에 감초를 섞고 누에 한 줌을 말린 다음 가루로 내어 섞어 먹이시오. 그러면 열도 내리고 몸도 좋아질 거요."

"정말인가요?"

"그렇게 만든 약을 하루에 두 번, 아침저녁으로 차처럼 끓여 먹이시오."

허준은 사람들에게 조건 없이 침을 놓아 주고, 쉽게 구할 수 있는 약재를 이용해 약을 만드는 방법을 알려 주었어요.

그동안 돈이 없어서 의원을 찾을 엄두를 내지 못했던 백성들은 기뻐 어쩔 줄 몰랐지요.

"고맙습니다, 의원님!"

"드릴 게 감자랑 고구마밖에 없는데 괜찮을까요?"

"의원님, 대신 필요한 약재가 있다면 제가 온 산을 다 뒤져서라도 찾아오겠습니다!"

대부분 가난한 백성들이 많았지만, 허준은 주변에 환자가 발생하면 언제든 자신의 의술을 이용해 환자의 병을 치료해 주곤 했어요. 허준이 용하다는 소문은 인근 마을은 물론 먼 고을까지 자자하게 퍼져 나갔어요.

반쪽짜리 양반

낡고 허름한 의원에서 날마다 사람들을 돌보던 허준은 원래 양반 집안의 자식이었어요. 허준의 집은 할아버지는 경상도 우수사를 지냈고, 아버지는 용천 부사를 지낼 만큼 이름 높은 집안이었어요. 하지만 허준의 어머니는 아버지의 정식 부인이 아니라 첩이었어요.

허준이 살던 시대에는 아버지가 양반이라도 어머니가 종이면, 아이 또한 종이 되었지요. 허준은 어머니의 신분이 낮은 탓에 양반이지만 양반처럼 살 수 없었어요.

허준은 어려서부터 공부를 아주 잘했어요. 어린 나이에도 불구하고 경전과 사서를 줄줄 외울 정도로 뛰어났지요.

하지만 어머니는 그 모습을 달가워하지 않았어요.

"준아, 어째서 그렇게 공부를 열심히 하는 것이냐? 넌 과거에 합격하더라도 제대로 된 벼슬을 갖기 어렵다는 걸 모르느냐."

허준이 반쪽짜리 양반이라 높은 벼슬을 할 수 없었기 때문이지요.

청년이 된 허준은 의술을 공부하기로 마음먹었어요. 조선 시대에는 양반보다 아래 계급인 중인들이 주로 의원이나 통역관이 되었거든요.

"미안하다, 이 어미의 신분만 높았더라도 너는 누구보다 높은 벼슬을 할 수 있었을 텐데!"

"그런 말씀 마세요, 어머니. 모든 것은 제가 하기에 달렸습니다. 어느 것이 되었든 한 분야에서 최고가 된다면 모두 우러르고 존중해 줄 테니까요."

그렇게 의술을 공부하기 시작한 허준은 사람들 사이에서 아주 유명해졌지요.

그런 어느 날, 양반 한 사람이 허준의 집을 찾아왔어요.

"나는 유희춘이라고 하네. 자네가 아주 용하다는 소문을 듣고 찾아왔지. 이것을 고칠 수 있겠나?"

유희춘은 얼굴에 난 종기를 보여 줬어요. 그의 얼굴에 난 종기는 점점 커져서 뺨 한쪽을 다 뒤덮고 있었어요. 게다가 툭하면 진물이 흘러나와서 아주 고통스러웠지요.

"아, 이것을 치료해 본 적이 있습니다. 그러니 제가 알려

드린 대로만 하시면 말끔히 나을 것입니다."

"허허, 난다 긴다 하는 의원들을 다 만나 보았지만, 누구도 이것을 고치지 못했네. 만약 자네가 이것을 고쳐 준다면 내가 큰 선물을 주도록 하지."

허준은 유희춘의 종기를 치료해 주었지요. 신기하게도 유희춘의 얼굴은 아주 말끔해졌어요. 커다란 종기가 눈 녹듯 사라진 거예요.

"오호, 정말 신통하구먼! 혹시 내의원에서 일해 볼 생각은 없는가?"

"내의원이라고요?"

내의원은 왕실에 있는 의료 기관이에요. 허준처럼 신분이 낮은 사람들은 감히 꿈도 못 꿀 정도로 높은 곳이었지요.

허준은 유희춘의 추천 덕분에 1569년 내의원에 들어갔답니다.

왕자의 병을 치료하다!

허준이 들어간 내의원에는 정말로 대단한 의술을 가진 의원들이 많았어요. 그 바람에 허준은 아픈 사람이 생겨도 진맥 한번 해 보기 어려웠어요.

그런 어느 날의 일이에요.

선조의 둘째 아들인 광해군이 몹쓸 병에 걸리고 말았어요. 광해군의 병은 천연두로, 당시에는 '두창'이라 불렀어요. 두창은 감염성이 아주 높은 전염병인 데다가, 한번 걸리면 온몸에 두드러기가 생기고 빨간 반점이 나타나지요.

두창이 심해지면 목숨을 잃을 수도 있었어요. 게다가 운이 좋아 낫더라도 온몸에 두창을 앓은 흔적이 남았지요. 사람들은 두창에 걸린 환자의 얼굴을 마치 벌레에 갉아 먹힌 배춧잎 같다고 할 정도였어요.

"큰일이군. 왕자가 두창에 걸렸다니 이제 우린 다 죽은 목숨이야."

의원들은 누구도 선뜻 나서서 병을 치료해 보겠다고 말하지 못했어요. 만약 왕자를 치료하지 못하면 큰 벌을 받을 것이 뻔했기 때문이었지요.

그 이야기를 들은 허준이 조심스럽게 말했어요.

"제가 치료해 보겠습니다."

"뭐?"

"제가 동네 의원으로 있을 때 두창 환자들을 치료해 보

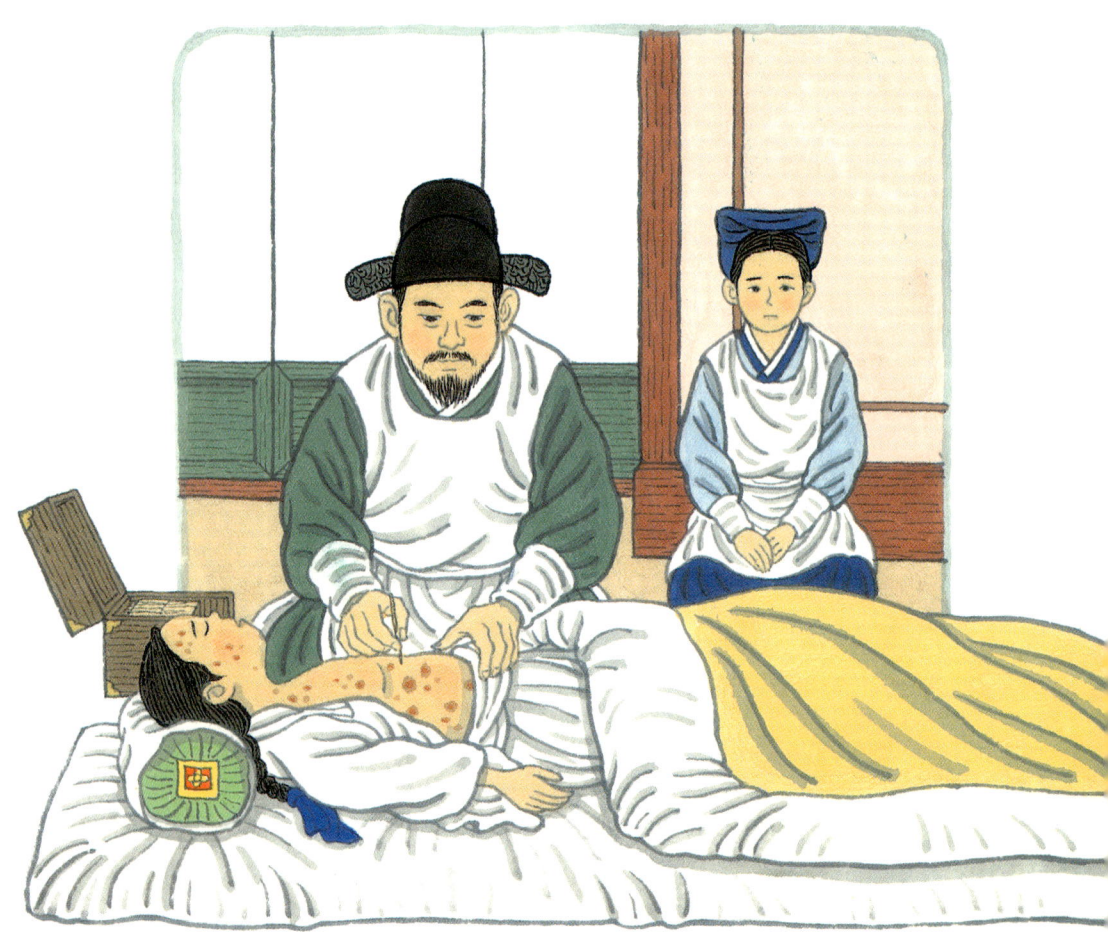

았습니다. 왕자님의 병도 틀림없이 고칠 수 있을 것입니다."

"어허, 이런 발칙한 사람을 보았나! 저잣거리에 사는 하찮은 백성들의 병과 왕자의 병이 같은 줄 아는가?"

"사람의 병은 다 똑같습니다."

허준은 당당하게 말했어요. 그러자 의원들은 마음대로 해 보라며 병을 치료할 수 있게 해 주었지요. 사실 누구도 허준이 광해군의 병을 고칠 거라고는 생각하지 않았어요. 병을 치료하다 실패하면 큰 벌을 받게 될 테니 일부러 허락했던 것이지요.

그런데 허준의 진료를 받은 광해군의 병세가 차츰 좋아졌어요. 몸의 열도 내리고 피부 증상도 가라앉은 거예요.

선조 임금은 아들의 병을 고쳐 준 허준에게 높은 벼슬을 내려 주었어요.

신분의 장벽을 뛰어넘어 누구보다 높은 직책을 맡게 된 허준은 하루하루가 꿈만 같았어요.

그런데 그 행복한 꿈도 잠시, 온 나라가 발칵 뒤집힐 일이 벌어지고 말았어요. 왜군이 공격해 온 거예요.

"전, 전하! 왜군들이 벌써 한양 인근까지 몰려왔다고 하옵니다!"

"뭐? 부산에 쳐들어온 지 10일도 채 안 됐다지 않았는가?"

"이럴 시간이 없사옵니다. 서둘러 피란을 하셔야 합니다."

당시 조선의 군대는 왜군을 막아 낼 힘이 없었어요. 다급해진 선조 임금은 궁궐을 버리고 피란을 떠났지요. 선조 임금은 한양을 떠나 의주까지 도망쳐야 했어요.

왜군이 코앞까지 들이닥치자 겁에 질린 신하들은 임금을 버리고 뿔뿔이 흩어졌어요. 하지만 몇몇 신하들과 허준만은 선조 임금 곁에 끝까지 남았지요.

이윽고 전쟁이 끝나고 피란을 떠났던 선조 임금이 무사히 궁궐로 돌아오게 되었어요. 선조 임금은 전쟁터에서 자신을 돌봐 준 허준의 벼슬을 더욱 높여 주었어요.

"전하, 피란길에 보았던 백성들의 모습을 기억하십니

까? 굶주리고 병에 시달리던 불쌍한 백성들을 말입니다."

"물론이다. 요즘 도성에 역병이 돌고 있다지? 백성들의 삶이 더욱 어려워질 텐데 큰일이구나."

"허락해 주신다면 제가 백성들을 위한 치료법을 책으로 만들어 보겠습니다."

"의학 책이라면 이미 있지 않은가?"

"현재 사용하고 있는 책은 명나라 의서가 대부분입니다. 명나라는 우리나라와 땅도 다르고, 산도, 물도 다릅니다. 그러니 명나라의 의서대로 치료해도 큰 덕을 볼 수 없습니다. 우리에겐 우리만의 치료 방법이 필요합니다."

선조 임금은 허준의 말에 고개를 끄덕였어요.

"그대의 말이 옳다. 우리나라의 풍토와 백성의 체질에 맞는 치료법을 개발하도록 하라."

조선에 맞는 의학 책을 쓰다

허준은 유학자이지만 의학 지식이 뛰어나 의원 못지않

은 기술을 가진 학자인 유의들, 그리고 임금과 왕족들의 병을 돌보는 의원인 태의들과 함께 책을 쓰기 시작했어요.

"자, 시간이 없네. 위급 상황에서 쓸 수 있는 응급 처방과 약재들을 정리해서 책으로 만들어야 하네."

"아니, 의원님! 어째서 한문 대신 훈민정음으로 책을 만드십니까?"

"백성들이 보려면 훈민정음으로 써야지. 어려운 한자로 책을 만들면 그것이 그림의 떡이나 마찬가지가 아니겠는가!"

매일 밤 내의원 의서 집필 팀의 등불은 꺼지지 않았어요.

허준은 사방에 흩어져 있는 의서를 모두 모았어요. 여러 책에 나온 수많은 병과 치료법을 찾아낸 후, 자신만의 방법으로 정리하기 시작하였어요. 중국에만 있는 약재는 우리 땅에서 나는 약재로 바꿔 기록했어요.

그런데 얼마 되지 않아 나라에 또 큰일이 벌어졌어요. 왜군들이 다시 조선을 침략한 정유재란(1597)이 일어난 거예요. 나라는 또다시 아수라장이 되었고, 의서를 쓰던 학자들도 뿔뿔이 흩어졌지요.

선조 임금은 전쟁 때문에 의학 책 집필이 중단될까 걱정했어요. 선조는 허준의 손을 꼭 잡으며 말했어요.

"어의, 난 하루라도 빨리 우리의 의서가 만들어졌으면 좋겠소. 전쟁에 발이 묶여 더 늦춰질까 너무 걱정스럽소. 힘들겠지만 어의 혼자서라도 의서 쓰는 일을 멈추지 말아 주시오."

허준은 선조 임금에게 멈추지 않겠노라 약속을 하고 어전을 물러났어요.

임금님과 약속을 했지만, 막상 제대로 책을 쓸 수 있을시 두려웠어요. 허준은 밤새워 뒤척이며 잠을 이루지 못했어요.

다음 날 허준은 웅성거리는 바깥 소리에 잠이 깼어요.

"의원님, 궁궐에서 책이 도착했습니다."

"전하께서 무얼 보내셨는가?"

"우선 밖으로 나와 보시지요, 의원님."

마당으로 나간 허준은 눈이 휘둥그레졌어요.

마당에는 책이 가득 담긴 수레가 여러 대 세워져 있었던 거예요. 그 속에 담긴 책은 족히 500권이 넘었지요.

그 책들은 모두 선조 임금이 보낸 의서들이었어요.

"전하께선 의원님께 더욱 열심히 자료를 모아서 정리하고, 책을 완성하도록 하라고 말씀하셨습니다."

"성은이 망극하옵니다!"

이렇게 해서 허준은 전쟁으로 어지러운 와중에도 꿋꿋하게 백성들을 위한 의학 책을 써 내려갔답니다.

그 후 전쟁이 끝나자 선조 임금은 허준을 내의원에서 가장 높은 자리에 올려 주었어요. 그리고 '양평군'이라는 칭호까지 내려 주었지요. 그러자 신하들은 허준을 질투하기 시작했어요.

"쳇, 옳은 양반도 아니고 반쪽짜리 양반인 주제에 '군'이라는 호칭까지 받다니. 자기가 왕족이라도 된 줄 알겠군!"

"그러게 말이야."

그러던 1608년, 선조 임금이 세상을 떠나고 말았어요. 신하들은 광해군을 찾아가 선조 임금을 죽게 만든 허준을 벌주어야 한다고 외쳤어요. 조선에서는 왕이 죽으면, 왕을 지키지 못한 어의에게 벌을 주곤 했거든요.

"어허, 아바마마가 돌아가신 것이 어찌 허준의 잘못이란 말이냐."

"허준이 전하를 잘 치료만 했더라도 이런 일은 없었을 것입니다!"

신하들은 허준에게 벌을 주라며 매일 상소를 올렸어요. 선조 임금의 뒤를 이어 왕이 된 광해군은 신하들의 요구를 받아들일 수밖에 없었지요.

결국, 허준은 의주로 귀양을 가게 되었어요.

허준은 허름한 집에서 시중드는 사람도 없이 귀양살이 해야 했지만 조금도 불만을 품지 않았어요.

비록 선조 임금이 세상을 떠났지만, 책을 완성하기로 한 약속은 꼭 지키고 싶었어요.

"오히려 그동안 써 오던 책을 완성할 기회로구나. 내가 마지막으로 해야 할 일은 백성들을 위한 종합 의학 책을 만드는 것이다."

허준은 귀양을 떠나온 그 시간이 너무 소중하게 느껴졌어요. 70세를 앞두고 있는 자신이 책을 완성할 수 있는 마지막 기회라 생각되었어요. 어의로 있을 때는 아무래도 책 쓰는 일에 온전히 시간을 들일 수 없었거든요.

허준은 선조 임금이 살아 있을 때 몇 가지 책을 먼저 펴냈어요. 그가 맨 처음 쓴 책 『언해 구급방』은 한글로 쓴 응급 의학 책이었어요. 이어서 산부인과 책인 『언해 태산집요』, 천연두를 치료하는 책인 『언해 두창집』 등이었지요. '언해'는 한문을 한글로 풀어서 썼다는 뜻이에요.

허준은 이 책들이 백성들의 삶에 큰 보탬이 되리라 생각하며 이제부터는 조선만의 종합 의학 책을 쓰는 데 온 힘을 다하고자 마음먹었지요.

세상을 구한 기적의 책 『동의보감』

허준은 그동안 자신이 공부한 수백 권의 의서와 지금까지 모아 온 환자들의 진료 기록지, 그리고 약초 정보 들을 정리하기 시작했어요.

　　대소변이 잘 안 나오고 속이 더부룩할 때는 나팔꽃을 약재로 쓴다.
　　햇볕에 말린 도라지는 기침이나 가래, 코 막힘, 두통 등 감기에 좋고, 개나리의 열매는 열을 내려 주고 감기에 효과가 있다.
　　파의 뿌리는 몸을 따뜻하게 해 주고 약이 온몸에 잘 퍼지도록 도와준다.
　　입맛이 없을 때는 보리를 먹도록 하라. 보리는 소화를 돕고 입맛이 나게 해 줄 것이다.

　허준은 이런 식으로 자신이 알고 있는 모든 정보를 한 자, 한 자 정성스럽게 정리해 나갔어요.
　그러던 어느 날 기쁜 소식이 하나 들려왔어요.
　"의원님, 전하께서 그만 궁궐로 돌아오시랍니다."
　광해군이 허준의 귀양을 풀어 주었던 거예요. 한양으로 돌아온 허준은 임금의 건강을 돌보는 어의가 되었어요.
　그리고 1610년, 허준은 드디어 『동의보감』을 완성했어요.

1596년부터 쓰기 시작해 자그마치 14년의 긴 세월을 쉬지 않고 쓰고 또 쓴 책이 완성된 거예요.

"오오, 드디어 조선만의 의학 책이 완성되었다! 조선의 풍토와 조선인의 체질에 맞는 의학서! 이제 우리도 우리만의 의학 책을 갖게 된 것이야!"

"허 의원, 그동안 고생이 많았소!"

"전하, 이것은 선조 임금께서 그토록 바라시던 조선만의 의학서이옵니다!"

광해군은 허준이 쓴 책을 보고 몹시 기뻐했지요.

"이 책을 당장 여러 권 인쇄해 백성들에게 나눠 주어야겠소!"

"안 됩니다. 의서에 잘못된 내용이 있다면, 그 의서는 사람을 살리는 책이 아니라, 사람을 해치는 책이 될 것입니다."

허준은 백성들에게 나누어 주기 전에 먼저 책의 내용을 하나하나 꼼꼼히 살펴달라고 부탁했어요. 허준은 자신이 혹시 실수를 한 부분은 없을까 걱정했던 거예요. 한자로 된 약 이름과 처방에서는 한 글자, 한 획만 틀려도 사람의 목숨이 왔다 갔다 하기 때문이에요.

"궁궐 안의 모든 유의와 태의들은 『동의보감』의 내용을 검수하라. 한 치의 오차가 있어도 안 될 것이다. 책 속 내용 하나하나 꼼꼼히 살피고, 또 살피라."

광해군의 명령을 받은 내의원 의관들은 곧장 검수에 들어갔어요. 약초 전문가, 의술이 뛰어난 의원, 의학 서적과 정보에 뛰어난 유학자 등 분야별 전문가들이 모였지요.

맨 처음 집필할 때처럼 『동의보감』 속 내용을 하나하나 분석하고 확인하였어요. 워낙 내용이 많았기 때문에 책 내용을 검수하고 확인하고 인쇄, 출판하는 데 2년이 넘는 세월이 걸렸어요.

마침내 1613년 광해군은 인쇄한 『동의보감』을 전국의 의원에 나누어 주어, 치료의 기본 자료로 이용하도록 하였어요.

"이 책 좀 보게나! 무려 2천여 가지의 증상과 1,400종의 약재, 4천여 가지의 처방이 담겨 있어!"

"이 책만 있으면 못 고칠 병이 없겠구먼!"

"어디 그뿐인가, 이 책에 나온 약초들은 조선 땅 어디에서든 쉽게 구할 수 있는 것들이야. 이 책을 따르면 누구든 큰돈을 들이지 않고 병을 다스릴 수 있다고."

구하기 쉬운 약재를 이용한 알기 쉬운 처방과 병을 미리 예방하는 방법 등이 쓰인 『동의보감』을 본 사람들은 오랫동안 고치지 못한 병을 쉽게 고칠 수 있게 되었지요.

그뿐만이 아니었어요. 허준은 책 속에 우리나라에서 자생하는 약재 637종의 효용을 한글로 아주 상세히 적어 놓았는데, 이것을 본 사람들은 산이나 들에서 쉽게 약초를 구할 수 있었지요.

이러한 『동의보감』은 조선뿐만 아니라 중국에서 온 사신들에게도 큰 인기가 있었어요. 중국에도 의학 책은 많지만, 내용이 너무 어려워서 일상생활에 활용할 수가 없었거든요.

"조선에 어떤 병이든지 다 치료할 수 있는 특별한 책이 있다던데 그것이 무엇이오?"

중국 사신들은 자기 나라로 돌아갈 때 반드시 『동의보감』을 챙겨 갔어요. 나중에 중국에서는 『동의보감』을 구하려고 엄청난 웃돈을 주는 일까지 벌어졌지요.

"조선의 어의 허준이 쓴 『동의보감』이오. 이 책은 세상 모든 병을 다 고칠 수 있는 귀하디귀한 책이라오!"

그러다 중국 사람들은 『동의보감』을 인쇄해 팔기 시작했어요. 실제로 『동의보감』은 1763년 중국에서 처음 인쇄된 후 여러 차례 책으로 만들어져 팔렸을 정도로 인기가 좋았답니다.

1780년, 청나라 황제의 칠순 잔치에 사신으로 가게 된 연암 박지원은 저잣거리에서 사람들이 서로 돈을 주고 사려는 책을 발견하게 되었대요.

"은 닷 냥만 주시오. 이 책은 없어서 못 파는 인기 책이라오. 운수 좋은 줄 아시오."

그것은 바로 허준이 쓴 『동의보감』이었지요.

연암 박지원은 책을 들었다 놨다 하며 한참을 서성였어요. 청나라에서 파는 조선 책이 신기하기만 했어요. 책을 사고 싶었지만 돌아갈 때 쓸 돈밖에는 없었어요.

　박지원은 아쉬운 마음에 재빨리 서문만을 옮겨 적었어요. 청나라의 유명한 학자 능어가 적은 서문이었지요.

　　이 책은 세상의 보배이니 마땅히 온 세상이 다 같이 가져야 할 것이다.

『동의보감』은 바다 건너 중국, 일본 등 아시아 전역에서 지금까지도 큰 인기를 누리고 있어요. 또한 세계적으로도 인정받아 오늘날 세계 문화유산으로 지정되어 보관되고 있답니다.

　무엇보다 『동의보감』이 우리에게 너무나 소중한 이유는 가난으로 고통받는 백성들에게 도움을 주고자 14년 동안 써 내려간 허준의 마음 때문일 거예요. 누구보다 사람을 사랑하고 아끼는 마음 말이에요.

한 걸음 더 인터뷰

 『동의보감』은 대체 어떤 책인가요?

🗨 이 책은 모두 25권 25책으로 되어 있단다. 책 속에는 2천여 가지의 증상과 1,400종의 약재, 4천여 가지의 처방이 담겨 있지. 눈, 코, 입에서부터 심장, 위장 등 몸을 구성하는 모든 신체 기관의 특징과 몸에 생길 수 있는 모든 종류의 질병이 자세하게 나와 있는 셈이야. 게다가 약초의 종류와 약 만드는 방법, 침을 놓는 방법도 자세히 쓰여 있단다. 그러니 모든 사람이 한의학을 공부할 때『동의보감』을 참고할 수밖에 없지.
동의보감은 모두 23편으로 아래와 같이 각 병마다 체계적으로 처방을 풀이하였어.

내경편 - 몸을 구성하고 있는 기관들을 설명한 책
외형편 - 눈으로 볼 수 있는 몸의 각 부위와 기능, 발생할 수 있는 질병을 기록한 책
잡병편 - 몸에 생기는 병의 원인과 증상, 치료법을 기록한 책
탕액편 - 약재에 대한 설명과 약재를 이용하는 방법을 기록한 책
침구편 - 침과 뜸에 관한 책

 의원님이 생각하는 『동의보감』의 장점은 뭐예요?

🗨 음, 아무래도 중국에서 수입한 값비싼 약재 대신 우리 산천에서 쉽게 구할 수 있는 약재들을 소개한 것이 장점이겠지. 게다가 난 약재를 설명할 때 의원들이 쓰는 전문 이름과 백성들이 알고 있는 이름 두 가지를 모두 소개해 두었단다. 그래야 누구라도 쉽게 약재를 찾을 수 있을 테니까. 그리고 몸이 병들기 전에 예방할 수 있는 내용도 담겨 있는 것이 큰 장점이란다.

『동의보감』을 쓰면서 어떤 생각을 하셨나요?

🟠 뛰어난 의원은 사람의 마음을 잘 다스려서 미리 병이 나지 않도록 하는 법이란다. 그런데 대부분의 의원들은 사람의 병만 다스리고 사람의 마음은 다스릴 줄 모르지. 마음과 몸은 하나이니 마음이 건강해야 몸도 건강하단다.
나는 세상 그 어떤 병이든지 그 원인을 찾아내 치료하면 고칠 수 있다고 생각했어. 백성들이 그 방법을 모두 함께 알기를 바라며 이 책을 썼단다.

허준 의원님

 『동의보감』을 허준 의원님 혼자서 만드신 거예요?

🟠 사실 이 책이 완성될 수 있었던 건 여러 사람의 노력이 있었기 때문이야. 만약 선조 임금님이 의서를 편찬하라고 지시하지 않았다면 이 책은 만들 엄두도 못 냈겠지. 이 책을 만들기 위해 수많은 의원들과 밤을 새우며 자료를 수집했단다. 나 혼자 그 일을 했다면 수십 년이 걸렸을 거야. 그리고 이 책을 쓸 수 있도록 내게 찾아와 준 환자들이 없었다면 나는 절대 이 책을 완성하지 못했을 거야. 그러니 이 책은 우리 모두의 노력으로 완성된 책이나 다름없단다.

6장

이순신

전략과 전술로 영웅이 된 조선 장수

영국 몽고메리 장군이 인정한 뛰어난 전략가!

거북선

버나드 로 몽고메리는 세계 1, 2차 대전에 참전했던 영국의 장군으로, 노르망디 상륙작전을 총지휘하여 연합군이 승리할 수 있는 발판을 마련해서 역사에 이름을 남겼다. 몽고메리는 전쟁이 끝난 후 『전쟁의 역사』라는 책을 썼는데 그는 그 책의 「일본 전쟁사」 편에서 이순신 장군을 설명했다.

"이순신 장군은 전략가, 전술가이며 유능한 지도자였을 뿐만 아니라, 기계 제작에도 뛰어난 재능을 지니고 있었다. 어떤 공격에도 버틸 수 있을 뿐만 아니라 방어력이 높은 배를 고안했던 것이다."

영국, 이순신을 한국의 넬슨 제독으로 존경하다!

영국은 해군에 대한 자부심이 대단한 나라다. 그런데도 영국에서는 이순신 장군을 '한국의 넬슨 제독'이라고 평가하며 존경한다. 넬슨 제독은 영국의 가장 존경받는 해군 장군이다. 그는 나폴레옹 전쟁 당시 트라팔가 해전을 승리로 이끌어 영국을 위기에서 구했던 역사적인 인물이다.

한산도 대첩을 비롯해 명량 해전, 노량 해전은 뛰어난 전략과 전술로 조선 수군이 크게 승리한 전투들이었다. 그래서 이순신 장군의 해전은 세계 전쟁사에서 손꼽히는 해전이라 평가받고 있다.

세계 4대 해전으로 기록된 '한산도 대첩'!

한산도 대첩은 전투 상황을 극적으로 뒤집은 세계적인 해상 전투로 꼽힌다. 살라미스 해전, 칼레 해전, 트라팔가 해전과 더불어 세계 4대 해전으로 기록되었다. 한산도 대첩은 학의 날개처럼 적을 에워싸며 공격하는 방법(학익진)으로 적을 전멸시킨 전무후무한 전술로 손꼽힌다. 오늘날에도 세계 여러 나라의 해군은 한산도 대첩을 분석해 불리한 상황에서도 크게 승리를 할 수 있었던 전략을 공부하고 있다.

세계가 우러러보는 존경스러운 장군, 이순신!

이순신

일본인들이 가장 존경하는 사람, 이순신!

임진왜란 때 도요토미 히데요시를 도와 조선을 침략한 와키사카 야스하루는 일본에서 매우 유명한 장수로 손꼽힌다. 그는 한산도 대첩을 비롯해 명량 해전 등 이순신과의 전투에서 여러 번 졌다. 원균이 지휘한 칠천량 해전에서는 전쟁을 승리로 이끌면서 조선 수군에 큰 타격을 주기도 했다. 임진왜란이 끝난 후 그가 자손들에게 남긴 말은 지금도 유명하다. 적군의 장수이지만 뛰어난 전략가였던 이순신에 대한 그의 마음이 잘 나타나 있다.

"내가 제일 두려워하는 사람은 이순신이며,
가장 미워하는 사람도 이순신이며,
가장 좋아하는 사람도 이순신이며,
가장 존경하고 소중히 생각하는 사람도 이순신이며,
가장 죽이고 싶은 사람 역시 이순신이며,
가장 차를 마시며 이야기하고 싶은 사람도 바로 이순신이다."

이순신

1545 ~ 1598

조선

학익진 수조병풍도

말에서 떨어진 청년

"이랴!"

무관을 뽑는 무과 시험장에서 사람들은 여러 시험 응시자들 가운데 유독 눈에 띄는 한 청년을 바라보았어요. 그는 지금껏 나무로 만든 화살로 과녁에서 240보 떨어진 거리에서 쏘고, 말을 타며 활을 쏘고, 창을 다루고, 말을 타거나 직접 뛰면서 막대기로 공을 치는 등의 시험을 아주 우수하게 통과했기 때문이었지요.

"말을 타고 빠르게 들어오기만 하면 저 청년이 이번 과거에 장원 급제할 거야."

"그러게 말이야. 무예 실력이 참으로 대단해!"

청년은 말에 올라 힘껏 숲길을 달리기 시작했어요. 함께 출발한 다른 사람들은 뒤에 처져서 보이지 않았어요. 그런데 다시 앞을 보며 고삐를 조이는 순간 말이 휘청거렸어요. 말발굽 아래 커다란 돌에 차인 것일까요?

"이히힝!"

말을 타고 있던 청년은 순간 땅바닥으로 떨어졌어요. 사람들은 놀라서 입을 쩍 벌렸어요. 말에서 떨어지면 크게 다칠 게 뻔했으니까요.

"아이고, 이 일을 어쩌면 좋은가!"

"저 정도 사고라면 틀림없이 뼈가 부러지거나 탈이 났을 텐데!"

눈 깜짝할 사이에 바닥으로 내동댕이쳐진 청년은 재빨리 일어났어요. 하지만 떨어지면서 발을 접질렸는지 똑바로 설 수 없었어요.

청년은 재빨리 길옆의 버드나무 가지를 꺾어 다리에 묶었어요. 그러는 사이 다른 사람들은 말을 타고 이순신 옆을 지나 앞으로 나아갔어요.

청년은 이를 악물고 말 위에 다시 올라탔어요. 그리고 마치 아무 일도 없었다는 듯 태연한 표정으로 말을 타고 시험장 한 바퀴를 돌았지요.

"이순신, 불합격!"

말에서 떨어진 청년의 이름은 이순신이었어요. 이순신

은 불합격 통보를 받자 말없이 고개를 숙인 채 절뚝이며 걸어갔어요.

영특하고 활달했던 이순신은 어려서부터 전쟁놀이를 즐겼어요. 다른 형제들과 함께 오랫동안 글공부를 하였지만, 마음으로는 언제나 장수가 되고 싶었어요. 이순신은 특히 활을 잘 쏘았어요. 말을 타고 활을 쏘며 무과에 급제하기 위해 훈련을 게을리하지 않았지요.

오랜 연습을 끝내고 무과 시험에 도전하였지만, 말에서 떨어져 다리를 다치고 만 거예요. 말타기에서 실수만 하지 않았더라도 장원은 이순신의 차지였겠죠. 하지만 이순신은 조금도 불평을 하거나 불만을 드러내지 않았어요. 대신 묵묵히 다시 연습했을 뿐이랍니다.

그 후 4년 뒤, 서른두 살이 된 이순신은 다시 무과 시험에 도전했어요. 이번에는 어떤 실수도 없이 모든 시험을 우수하게 마칠 수 있었지요.

1576년, 이순신은 무과 시험에 통과해 나라를 지키는 무관의 벼슬을 받게 되었답니다.

원칙을 지키는 자

이순신은 신입 무관 때부터 원칙을 지키는 인물로 유명했어요. 윗사람인 상관이 친분 있는 사람을 높은 자리로 올리려 하면 서슴지 않고 나서서 안 되는 이유를 설명했어요. 이순신은 이런 곧은 행동 때문에 미움을 받아 가끔은 지방으로 밀려나는 일이 벌어졌지요.

1580년 발포(지금의 전라남도 고흥)에서 일할 때였어요. 상관인 전라좌수사 성박의 목소리가 객사 마당에서 들려왔어요.

"무얼 하고 있으냐? 어서 마당의 오동나무를 베어 내지 않고."

이순신이 성박에게 물었어요.

"객사의 오동나무를 왜 베려 하십니까?"

"거문고를 하나 만들려고 하네. 거문고 하면 오동나무 아닌가. 객사의 오동나무가 크고 단단하니 분명 좋은 소리를 낼 걸세. 하하하!"

그러자 이순신은 성박을 보며 차분히 말했어요.

"객사의 물건은 나라의 물건입니다. 어찌 사사로운 개인의 물건을 만들기 위해 나라의 물건에 흠을 낼 수 있겠습니까."

그 말을 들은 성박은 불같이 화를 냈지요.

"어허, 자네, 내 명령을 거스르는 건가?"

"저 나무는 좌수사님의 것이 아닙니다! 어찌 나라의 재산을 함부로 사용하려 하시는 것입니까?"

이순신의 꿋꿋한 태도에 성박이 마침내 말했어요.

"나의 생각이 짧았군. 자네 말이 옳은 듯하네."

성박은 오동나무를 베지 않았어요.

이처럼 이순신은 자신이 한번 옳다고 생각한 일은 목숨을 잃는 한이 있더라도 밀고 나갔어요. 참으로 굳센 성품을 가졌지요.

그런데 성박처럼 이순신의 바른말을 잘 받아 주는 사람도 있었지만, 거만하다고 싫어하는 사람도 있었어요.

또한 이순신은 조금이라도 떳떳지 못한 행동은 하지 않았어요. 그 당시 이조 판서로 있던 율곡 이이가 이순신을 만나고 싶어 했지만, 높은 사람을 만나면 괜히 다른 사람들의 오해를 살 수 있다며 만나지 않았답니다.

조선의 앞바다를 지켜 내다!

무과에 합격한 지 10년이 넘도록 높은 벼슬을 얻지 못한 채 변두리를 떠돌던 이순신은 1591년, 전라도의 앞바다를 지키는 장수인 전라좌수사가 되었어요.

좌수사로 온 첫날부터 이순신은 병사들을 훈련시키고 무기 창고를 정리하며 전쟁에 대비했어요.

"아니, 전쟁도 일어나지 않았는데 왜 이렇게 빡빡하게 일을 해야 하는 겁니까?"

"그러니까요. 누가 보면 당장 내일 전쟁이 일어나는 줄 알겠네."

병사들도 관리들도 불만이 이만저만이 아니었어요.

하지만 이순신은 더욱 깐깐하게 병사들을 다스렸지요.

"우리 수군의 무기는 이것뿐인가? 이런 무기로는 적이

쳐들어와도 오래 버틸 수 없을 것이다."

그때 나대용이라는 장수가 나서며 말했어요.

"좌수사 나리, 실은 제가 생각해 둔 무기가 있사온데 기존 거북선을 고쳐 만든 배입니다. 배 앞쪽 용의 입에서는 대포가 나오고, 등에는 쇠못이 박혀 적들이 함부로 올라탈 수 없게 합니다. 그리고 안에서는 대포를 쏠 구멍과 창문을 만들어 적은 우리를 살피지 못하게 하고, 우리는 적의 상황을 한눈에 살펴보고 공격도 할 수 있습니다."

"그거 좋은 생각이로군!"

나대용은 그동안 몇 번이고 거북선을 새로 만들자는 의견을 냈던 장수였어요. 하지만 번번이 의견을 무시당하기 일쑤였지요.

"이 일대에서 자주 노략질을 일삼는 왜구들의 배는 빠르고 가벼우나 쉽게 부서진다고 들었다. 우리가 무겁고 튼튼한 거북선을 만들어 두면 그들을 쳐부수기 쉬울 것이다."

이순신은 당장 나대용에게 거북선을 개조하라고 일렀어요. 그리고 배의 바닥이 평평해 안정적이고 갑판이 높은 전투선인 판옥선을 많이 만들어 정비했지요. 또한 군인들이 갖고 있던 총인 승자총통과 쌍혈총통을 손보아 왜구들이 가진 조총보다 훨씬 화력이 좋은 무기로 만들도록 명령했지요.

그 소식을 들은 조정의 대신들은 임금님께 이런 상소를 올렸어요.

"전하, 전라좌수사 이순신은 전쟁이 일어나지도 않았는데 소란스럽게 무기를 만들고 군사들을 들볶는다고 합니다. 그가 이런 행동을 하는 속셈이 무엇이겠습니까? 은근히 전쟁이 일어나기를 바라는 것이 틀림없습니다!"

"옳습니다!"

"당장 이순신을 벌하소서!"

이 말을 들은 이순신의 친구이자 높은 벼슬을 하고 있던 선비 유성룡이 나섰어요.

"전하, 이순신은 그저 모든 준비를 철저히 하려는 것일 뿐입니다. 벼슬아치들의 말에 속지 마십시오."

덕분에 선조 임금은 이순신을 크게 꾸짖지 않았어요.

그런데 1592년 4월, 임진왜란이 일어났어요.

왜국의 우두머리 도요토미 히데요시의 명령으로 왜군이 부산포로 쳐들어온 거예요. 당시 조선은 약 200년 동안 전쟁이 없었기에 조정에서는 전쟁에 대비한 준비를 하나도 하지 않았어요. 또 병사들의 질서와 규율도 무너진 상태였어요. 말만 군인이었지 무기를 제대로 갖추고 있는 사람이 몇 안 될 정도였지요.

왜군들은 전쟁이 시작된 지 보름 만에 수도인 한양을 차지해 버렸어요. 선조 임금은 백성과 궁궐을 버리고 북쪽으로 피난을 간 상태였고요.

"이제 조선은 우리 차지다!"

"진격하라!"

왜군들은 금방 조선을 손아귀에 넣을 수 있다고 생각했어요.

그때 놀라운 소식이 전해졌지요.

옥포 해전에서 이순신 장군이 처음으로 왜군을 상대로 승리를 거둔 거예요. 이순신이 이끄는 조선 수군은 옥포에 이어 사천, 당포, 당항포, 율포에서까지 연이어 승리를 거두었어요.

"대체 어떻게 조선의 수군 따위가 우리 왜군을 이길 수 있단 말인가!"

왜군들은 이 소식을 믿지 못했어요.

그도 그럴 것이 지금까지 만난 조선의 군사들은 제대로 훈련도 받지 못한 오합지졸이 대부분이었고, 무기는 녹이 슬고 낡아서 들고 있으나 마나 했거든요.

"이순신이라는 장수가 이끄는 수군은 지금껏 우리가 상대한 조선의 군사들과는 다르다고 합니다."

"그들은 우리의 함대보다 더 성능이 좋고 튼튼한 배와 무기를 갖고 있었습니다!"

"조선에 그런 유능한 장수가 있을 줄이야! 이순신이 누군지 당장 알아보아라!"

이순신이 이끄는 수군의 승리는 거듭되었어요.

조선의 수군은 왜군과 맞서 싸웠다 하면 백전백승, 큰 승리를 거두었지요.

그러자 왜군은 당황하기 시작했어요. 왜군 중에는 이순신이 나타났다는 말만 들어도 벌벌 떨며 무기를 내팽개치고 달아나는 자가 있을 정도였지요.

바다 한가운데 펼쳐진 학의 날개

"안 되겠다. 모든 군사를 다 모아라! 한꺼번에 공격할 것이다!"

왜군 장수들은 이순신을 공격하기 위해 무려 73척의 배를 모았어요.

한편 그 소식을 들은 이순신은 함대를 이끌고 바다로 나아갔지요. 멀리 왜군들의 배가 보이기 시작했어요. 병사들은 공격 명령이 떨어지기만을 기다렸지요. 하지만 이순신은 좀처럼 공격 명령을 내리지 않았어요.

"장군, 어째서 공격 명령을 내리지 않으십니까?"

"이곳은 전투하기에 불리한 곳이다. 물살이 빠르고 소용돌이치고 있다. 이곳에서 싸운다면 우리가 질 수도 있을

터. 모든 병사는 들으라. 지금부터 적들을 피해 달아나는 척하여라."

"예, 장군!"

이순신은 왜군의 함대를 한산도 앞바다까지 유인했어요.

왜군들은 이순신이 엄청난 숫자의 왜군 함대를 보고 겁을 먹은 것으로 생각했지요.

"낄낄낄, 제아무리 조선의 수군이라 할지라도 이렇게 많은 함대를 물리칠 순 없어!"

"저 녀석들, 무서워서 도망가는 거로군!"

하지만 한산도 앞바다에 이른 이순신은 수군에게 뱃머리를 180도 돌려 마치 학이 날개를 펼친 듯 적의 함선들을 에워싸라고 명령했어요. 바로 학익진이라는 공격법이었지요.

그러자 73척의 왜군 함대가 학의 날개 안에 갇혀 버린 꼴이 되고 말았지 뭐예요. 이순신은 낮고 우렁찬 목소리로 명령했어요.

"적들을 공격하라!"

이 전투에서 왜군의 함대 73척 중 59척이 공격당해 가라앉았어요.

한산도 전투를 지휘했던 왜군 대장 와키사카 야스하루는 이순신의 놀라운 전술에 입을 쩍 벌렸어요.

"조선에 이토록 대단한 장수가 있었다니!"

사실 와키사카 야스하루도 천오백여 명의 병사들로 조선군 오만 명을 물리칠 정도로 대단한 장수였지요. 그런 그가 이순신의 학익진 때문에 수많은 병사를 잃고 도망치는 신세가 되고 만 거예요.

"비록 적군이지만 이순신은 정말 대단한 장수이다. 나는 이순신을 세상에서 가장 두려워하며 미워하지만, 한편으론 가장 존경한다!"

와키사카 야스하루는 왜국으로 돌아간 뒤 자신의 자손들에게 이순신이 있는 한 절대 조선을 공격해선 안 된다고 신신당부했지요.

이순신이 바다를 철통같이 지키는 통에 육지의 왜군은 식량과 무기 등을 자기네 나라에서 더 이상 가져올 수 없었어요. 식량과 무기가 바닥나자 왜군들은 점차 힘을 잃어 임진왜란은 끝이 나는 듯했지요.

백의종군에서 삼도 수군통제사로

왜군들이 잇따라 물러가자 백성들은 모두 밖으로 뛰어나와 만세를 부르며 기뻐했어요. 그런데 조정의 신하들은 마냥 기뻐할 수만은 없었어요. 큰 공을 세워 삼도 수군통제사가 된 이순신이 크나큰 권력을 갖게 될까 봐 두려웠던 거예요. 삼도 수군통제사는 경상도, 전라도, 충청도 3도의 수군을 지휘하는 수군 총사령관이에요.

"전하, 이전에 전라좌수사였을 때 이순신은 전하의 허락도 없이 경상도까지 나아가 왜군과 싸웠다고 합니다."

물론 선조 임금은 처음에 이런 말에 이순신을 벌주지 않았어요. 이순신의 공을 더욱 크게 보았던 거예요.

그로부터 몇 년 뒤인 1596년, 왜군이 다시 침략하려는 움직임이 있다는 보고를 받게 된 선조 임금은 덜컥 겁이

났어요. 또 궁궐을 버리고 도망쳐야 하는 일이 생길까 두려워했어요.

"전하, 지금 왜군들이 전라도 앞바다에서 북쪽으로 움직이고 있다 하옵니다."

"뭐라? 당장 이순신에게 전함을 보내 왜군의 움직임을 살피라고 일러라."

선조 임금이 곧장 이순신에게 명령을 내렸어요. 하지만 보고서의 내용이 가짜라고 생각한 이순신은 전함을 보내지 않았지요.

실제로 선조 임금이 본 보고서의 내용은 가짜였어요. 이순신과 선조 임금 사이를 이간질하기 위해 왜군들이 계략을 짠 것이었지요.

그러자 평소 이순신을 눈엣가시처럼 여겼던 신하들은 모두 들고일어났어요.

"전하, 이순신은 전하의 명령도 무시하는 장수입니다."

"그를 벌하소서!"

선조 임금은 이순신을 옥에 가두었어요. 이순신을 싫어

하던 신하들은 그를 죽여야 한다고까지 외쳤어요. 하지만 이순신의 진면목을 알아본 신하들은 이순신을 살려 달라는 상소를 올렸어요. 마침내 선조는 명령을 내렸어요.

"이순신이 전쟁에서 큰 공을 세운 것은 사실이니 벼슬만 빼앗고 그를 살려 두도록 하라."

이 일로 이순신은 백의종군하게 되었어요.

백의종군이란 흰색 옷을 입고 벼슬 없이 전쟁터에 나아간다는 뜻이에요. 한낱 병사가 되어 싸우다 죽도록 하는 것이었지요.

한편, 이순신이 백의종군하게 되었다는 사실을 들은 진린은 불같이 화를 냈어요. 진린은 명나라 수군 총사령관이었어요. 임진왜란이 일어났을 때 선조 임금이 명나라 황제에 도움을 요청해 조선에 파견됐지요.

진린은 자신은 평생 이순신보다 대단한 장수를 본 적이 없다며 이순신을 '이야(李爺)'라고 부르며 존경했어요. '이야'는 '이 선생님'이라는 뜻으로 '야(爺)'는 아버지, 어르신, 혹은 주인을 의미해요. 중국 사람들은 자신이 존경하는 사람을 '야(爺)'라고 부른답니다.

진린은 이순신에게 말했어요.

"이야, 이것은 말도 안 되는 일입니다. 이야께서 이런 대접을 받으시다니! 차라리 우리 명나라로 갑시다. 그곳에서도 이야께서는 최고의 위치에 오르실 것입니다."

"괜찮습니다, 진린. 나는 조선 사람입니다. 조선을 지키는 것이 나의 임무예요. 나의 신분이 장군이면 어떻고, 일반 병사면 어떻습니까."

이순신은 그저 묵묵히 선조 임금의 뜻을 따르며 일반 병사로 지내게 되었지요.

그런데 몇 달 뒤 왜군이 또다시 전쟁을 일으켰어요.

이 전쟁으로 조선의 함선 대부분이 불타고 부서졌고, 많은 장수들이 죽었어요. 이순신의 뒤를 이어 삼도 수군통제사를 맡았던 원균은 그 전쟁에서 왜군들의 손에 목숨을 잃고 말았지요.

"이, 이순신! 그를 다시 불러들이도록 하여라!"

선조 임금은 이순신에게 삼도 수군통제사라는 벼슬을

다시 내렸지요.

임무를 맡은 이순신은 간신히 왜군의 공격을 피해 탈출한 함선 12척을 찾아냈어요. 이순신은 고작 12척의 배로 133척이 넘는 배를 가진 왜군에 맞서 싸워야만 했지요.

"장군님, 우리가 왜군을 이길 수 있을까요?"

"걱정하지 마라, 우리에겐 아직 12척의 배가 있다."

이순신은 두려워하는 병사들에게 죽기를 각오하면 얼마든지 이길 수 있다고 말했어요.

"우리는 벽파진으로 간다. 그곳엔 남해에서 서해로 빠져나가는 유일한 길목인 울돌목이 있다. 그곳은 밀물 때는 남해에서 서해로 바닷물이 흐르지만, 썰물 때는 바닷물의 흐름이 정반대로 바뀐다. 그 물살은 쏟아지듯 빠르게 소용돌이치지. 그러니 그곳에서는 한 사람이 길목을 막아 지켜도 능히 천 사람을 두렵게 할 수 있다! 우리는 그곳에서 목숨을 걸고 싸운다."

울돌목은 진도와 육지 사이에 있는 좁은 바다예요. 그곳은 물살이 거칠어서 바다가 소리를 내어 우는 것 같아

'울돌목'이라 불렸어요. 울돌목은 한자어로 명량이라고도 하지요.

왜군이 북쪽으로 올라가 한양을 공격하려면 반드시 울돌목을 지나쳐야 했어요. 그런데 그곳은 길목이 좁은 데다가 물의 흐름이 빨라서 함대가 한꺼번에 지나갈 수가 없었지요. 이순신은 울돌목 입구에 군대를 배치하고 왜군의 함대가 나타나기만을 기다렸어요.

이 사실을 눈치채지 못한 왜군의 함대는 울돌목으로 뱃머리를 향해 오고 있었지요.

"적들이 나타나면 망설이지 말고 공격하라!"

이순신이 지휘하는 조선군 판옥선에서 화포들이 불을 뿜었어요. 좁은 울돌목을 통과하려 모여 있던 왜군의 배들이 조선군의 우수한 화포에 그대로 맞으며 전투가 시작되었어요.

전투 중에 드디어 조류의 흐름이 바뀌었어요. 엄청나게 빠른 바닷물의 흐름을 타고 조선군 판옥선들은 그대로 왜군을 향해 돌격했어요. 판옥선이 충돌하자 왜군의 배들은 부서져 침몰하기 시작했어요.

"후퇴하라!"

왜군들은 정신없이 도망쳤어요. 기적 같은 일이 벌어진 거예요. 세계 해전 역사에서도 없는 일이었어요. 조선군은 12척의 배로 무려 133척의 왜군 함대를 물리친 거예요.

나의 죽음을 적에게 알리지 말라

"장군님, 왜군의 움직임이 심상치 않습니다. 듣기로는 도요토미 히데요시가 며칠 전 죽었다고 합니다. 왜군들이 잇따라 자기네 나라로 물러갈 채비를 하는 듯합니다."

왜군의 움직임을 살피러 나갔던 병사가 돌아와 보고했어요. 이순신은 이때야말로 왜군을 모조리 쳐부술 더없는 기회라 생각했어요. 이순신은 명나라 군대가 머무는 곳에 재빨리 편지를 보냈어요.

"진린! 조선 수군이 앞쪽에서 공격할 테니 뒤쪽을 맡아 주시오. 양국이 함께 공격한다면 틀림없이 왜군을 모조리 무찌를 수 있을 것이오."

왜군 대장에게서 뇌물을 받은 명나라 총사령관 진린은 선뜻 이순신의 뜻을 받아들이지 않았어요. 이순신은 포기하지 않고 진린을 설득하였어요. 마침내 진린은 이순신과 뜻을 합쳐 전략을 짜기로 하였어요.

서해와 육지에 퍼져 있던 왜군들은 배를 타고 자기네 땅으로 돌아갈 준비를 서둘렀어요. 수많은 왜국의 배가 조선의 남쪽 바다를 지나 왜국으로 나아가기 시작했어요. 뒤쫓는 배가 없다는 것을 확인한 왜군들은 안심하였어요.

500여 척의 배가 노량 앞바다를 지날 때였어요. 조선 수군이 왜군을 기습 공격하자 왜군들은 크게 당황했어요. 하지만 조선군의 배가 몇 척 되지 않는다는 것을 알고 오히려 조선 수군을 에워싸며 공격해 왔지요. 이순신이 탄 전함을 포위해 이순신을 잡으려 했던 거예요.

그런데 이순신은 왜군이 어떻게 움직일지 이미 알고 있었어요. 그때 이순신의 작전대로 진린이 뒤쪽에서 왜군을 공격해 왔지요. 놀란 왜군들은 관음포 쪽으로 도망쳤고,

그곳에 미리 숨어 있던 조선 수군의 공격을 받았어요.

사방에서 왜군들에게 수많은 포탄과 탄알이 쏟아졌어요. 이순신은 한 척의 배도 왜국으로 돌려보낼 수 없었어요. 전함의 높은 누각에 선 이순신은 큰 소리로 외쳤어요.

"단 한 명의 왜군도 살려 보내지 마라!"

이순신은 몸을 돌려 병사들을 향해 손을 높이 들었어요. 병사들은 이순신의 모습에 더 용감히 전투에 임했어요.

그때 이순신이 갑자기 몸을 앞으로 숙였어요. 옆에 있던 다른 장수들이 급히 이순신을 에워쌌어요.

왜군의 총알이 이순신을 맞힌 거예요.

"으윽!"

"자, 장군님!"

고통에 찬 이순신은 다른 장수들에게 힘겹게 말했어요.

"전투가 끝날 때까지 나의 죽음을 병사들에게 알리지 마시오."

조선과 명나라 수군은 왜군을 앞뒤로 공격하기 시작했어요. 조선 수군 앞에 왜군은 힘없이 무너졌어요. 노량 해전에서 왜군의 배 500여 척 중 400여 척이 부서지거나 가라앉았지요. 조선 수군은 도망치는 왜국의 배들을 끝까지 쫓아가 물리쳤어요. 결국 왜국으로 돌아간 배는 겨우 50여 척에 불과했답니다.

"우리가 이겼다!"

"우리가 저토록 많은 왜군을 한꺼번에 몰아냈어!"

병사들은 기뻐 어쩔 줄 몰랐어요.

하지만 이미 이순신은 숨을 거둔 뒤였지요. 이 사실을 알게 된 병사들은 마지막 순간까지 나라를 지키기 위해 목숨을 바친 이순신의 마음을 기리며 눈물을 흘렸어요.

"이야, 세상에 이 무슨 일이란 말입니까!"

한편, 뒤늦게 이순신의 죽음을 알게 된 진린 장군은 바닥에 주저앉아 눈물을 흘렸어요.

이순신은 당시 조선뿐 아니라 왜군과 명나라 군대에까지 명성을 떨쳤어요. 그 뛰어난 전략과 전술, 그리고 명철한 판단력과 죽기를 각오한 용감함으로 진정한 영웅이란 무엇인지 현대인에게 보여 주고 있지요.

한 걸음 더 인터뷰

장군님의 전술은 전 세계에서 인정을 받는다면서요?

● 내가 펼친 학익진을 '정(丁)자 진법'이라고도 한단다. 일본은 제2차 세계 대전 때 러시아의 발틱 함대에 맞서 싸울 때 나의 전술을 흉내 냈지. 그 덕분에 러시아 함대를 크게 무찌를 수 있었단다. 일본이 펼친 놀라운 공격을 본 러시아 사람들은 대체 어떤 전술을 펼친 건지 궁금해서 알아보기 시작했어. 그 덕에 내가 임진왜란 때 한산도 대첩에서 쓴 학익진이 러시아는 물론 서양 여러 나라에도 알려지고 인정받게 되었지.

장군님은 일본인들에게 어떻게 널리 알려지게 된 거예요?

● 임진왜란이 끝난 뒤 나의 친구이자 문인인 유성룡은 『징비록』이라는 책에 나를 소개하는 글을 썼단다. 내가 임진왜란 때 어떤 전술을 썼는지, 어떻게 왜군을 물리쳤는지 자세하게 써 두었지. 1695년, 일본 사람들은 그 책을 가져가 번역하게 되었는데 그때부터 일본 사람들에게 나의 이름이 더 널리 알려지게 되었다는구나.

징비록

장군님이 쓴 『난중일기』는 어떤 책이에요?

● 나는 임진왜란 동안 날마다 일기를 썼단다. 사람들은 전쟁 기간 중 해군의 최고 지휘관이 직접 매일의 전투 상황과 개인적인 이야기를 현장감 있게 썼다고 평가하고 있지.
일기를 잘 살펴보면 알겠지만 나는 거북선이 어떻게 제작되었는지, 군사들은 어떻게 훈련을 시켰는지 자세하게 썼어. 그리고 전투에 대한 상세한 기록뿐 아니라 당시의 기후나 지형, 일반 서민들의 삶도 기록했지. 이것은 임진왜란 당시 우리나라 상황을 알 수 있는 중요한 자료가 되었다고 해.
『난중일기』는 역사적으로나 세계사적으로 유례를 찾을 수 없는 기록물이야. 문장이 간결하면서도 유려해 문학사적 가치도 매우 높다며 2013년, 유네스코 세계 기록유산으로 지정되었단다.

이순신 장군님

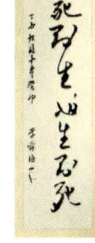

서간첩 임진장초　　　난중일기　　이순신 친필

7장 허난설헌

조선 최고의 예술가, 한류 스타가 되다

『난설헌집』, 대륙의 베스트셀러 되다!

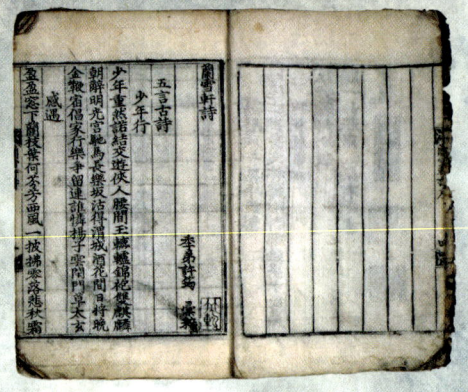

난설헌집

허난설헌의 시집 『난설헌집』은 명나라에서 순식간에 베스트셀러가 되었다. 지방의 책방마다 난설헌집을 출판하여 명나라 전역으로 퍼졌다. 명나라에 이어 세워진 청나라에서도 역시 인기가 높았다.

『난설헌집』이 얼마나 인기였는지, 청나라 황제까지 허난설헌의 시집을 조선에서 구해 오라며 사신을 보낼 정도였다.

중국 사람들은 허난설헌을 하늘이 내린 여신선이나 천녀와 같다고 말했다. 난설헌은 현재 한국에서만큼이나 중국에서 더 유명한 시인이 되었다.

감우(感遇)

하늘하늘 창가의 난초
가지와 잎 그렇게도 향기롭더니
가을바람 잎새에 한번 스치고는
찬 서리에 구슬프게 다 져 버렸네

빼어난 그 모습 사라졌지만
맑은 향기만은 끝내 지지 않아
내 마음 아파 오고
눈물 흘러 옷소매를 적시네

중국의 유명 시집들에 실린 허난설헌의 시!

중국에서 발견된 많은 시집에 허난설헌의 시가 실려 있다. 명나라 조세걸이 여류 시인들의 시를 묶어 만든 시집, 『고금여사』에 41편에 달하는 허난설헌의 시가 실려 있다. 또한 전겸익이 시인 2,000여 명의 작품을 엮은 『열조시집』, 주이준이 명나라 시대 시를 엮은 『명시종』에도 허난설헌의 시가 다수 실렸다.

또 시집 『취사원창』에 난설헌의 시 168편이 실려 있다. 여기에는 그의 산문 1편도 실려 있는데, 허난설헌이 8세 때 지었다는 「백옥루상량문」이다.

허난설헌의 시는 뛰어난 문장력과 기품 있는 언어로 높게 평가받았다. 조선의 시인이었지만 중국의 시인들과 함께 그 시대의 유명 시인으로 알려진 것이다.

중국, 일본에서 이름을 떨친 조선의 시인, 허난설헌!

중국에서 널리 알려진 시인, 허난설헌!

허난설헌은 조선의 뛰어난 시인이다. 허난설헌이 세상을 뜬 후, 명나라 사신 주지번은 허균으로부터 그의 누이인 허난설헌의 시를 건네받았다. 주지번은 허난설헌의 시에 몹시 감동해서 명나라으로 돌아가 직접 시집을 펴냈다.
주지번은 시집 『난설헌집』의 서문에 이렇게 썼다.

"그는 봉래섬에서 인간 세계로 우연히 쫓겨 온 선녀가 아닐 수 없다. 그가 지은 시들은 모두 아름다운 구슬이로다."

허난설헌

1563 ~ 1589

조선

강릉 허난설헌 생가

허난설헌이 그린 묵조도

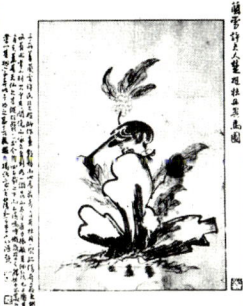

허난설헌의 시, 일본에서도 큰 인기!

18세기에는 일본에도 허난설헌의 시가 알려졌다. 동래 무역항을 방문했던 일본 상인에 의해 『난설헌집』이 우연히 일본에 건너간 것이, 차츰 알려지면서 유명해진 것이다.
「일본어판 난설헌시집」은 1711년 분다이야 지로에 의해 발행 되었다.
외국에서 인기가 높아지자 그동안 잊혔던 조선에서 오히려 허난설헌을 다시 보기 시작해, 사대부들도 허난설헌의 시를 읽기 시작했다.

신동인 여자아이

"하늘 천, 땅 지, 검을 현, 누를 황……."

대청마루에 앉은 동네 아이들은 천자문을 외우고 있었어요. 하지만 다음이 무엇인지 좀처럼 생각나지 않았지요.

"어허, 몇 자나 외웠다고 버벅대는 것이냐."

스승님이 호통을 쳤어요.

그러자 구석에 앉아 바느질하던 여덟 살짜리 여자아이 초희가 다음 구절을 술술 외웠지 뭐예요?

"집 우, 집 주, 넓을 홍, 거칠 황, 날 일, 달 월, 찰 영, 기울 측……."

스승님은 깜짝 놀라 초희를 보았어요. 글을 배운 적 없는 여자아이 초희가 천자문을 술술 외는 것이 놀라웠던 거예요.

"에구머니, 초희야!"

초희가 글을 외는 소리를 들은 스승님의 부인은 깜짝 놀라 말했어요.

"왜요?"

"여자가 글이라니! 나더러 바느질을 가르쳐 달라고 하더니, 어깨너머로 글을 배울 생각이었느냐?"

부인은 스승님의 눈치를 살피며 말했어요. 하지만 초희는 바늘과 천을 홱 집어던지며 소리쳤지요.

"그럼 안 되나요? 난 이런 것보다 글이 더 재미있단 말이에요!"

초희가 살던 시대는 여자들이 차별받는 세상이었어요. 여자는 그저 자식들을 뒷바라지하고 남편을 돕는 일을 할 뿐이었지요.

그때는 여자아이가 함부로 담장 밖을 돌아다니면 안 된

다는 규율도 있었어요. 여자아이는 친구도 마음대로 못 보고, 길거리에 나가서 뛰어놀지도 못했어요. 또 먼 곳으로 자유롭게 여행도 가지 못했지요. 그래서 여자아이가 남자처럼 글을 배운다는 건 있을 수 없는 일이었던 거예요.

"글은 누가 가르쳐 주었느냐?"

스승님에게 이야기를 전해 들은 아버지가 집에 돌아온 초희를 향해 물었어요.

"아이들이 배우는 걸 보고 따라 했어요. 집에서는 오라버니의 책도 꺼내 보았고요."

"글자도 쓸 줄 아느냐?"

"시도 짓고 글도 쓸 줄 아는걸요."

"허허, 뭐라고?"

아버지는 초희에게 직접 글을 써 보라고 일렀어요. 그러자 초희는 조그마한 손으로 붓을 꼭 움켜쥐었지요. 초희는 잠시 생각하더니 말했어요.

"아버지, 언젠가 광한전 백옥루에 대한 이야기를 들었어요. 광한전은 신선들이 사는 궁궐이고, 시인이 죽으면 백옥루로 올라간다면서요? 그런데 꿈에 보니까 백옥루에 상량문이 없었어요. 제가 백옥루에 올릴 글을 한번 써 볼게요."

상량문이란 건물의 대들보를 올릴 때 건물의 내력 등을 적어 두는 글이에요. 초희는 자신이 백옥루의 상량식에 초대되어 상량문을 짓는 상상을 하면서 글을 지었어요. 광한전에 사는 신선들의 신비로운 생활에 대해 쓴 뒤 백옥루가 신선 세계에서 오래오래 서 있기를 바라는 문장으로 끝냈어요.

초희가 쓴 글을 본 아버지는 두 눈이 휘둥그레졌어요.

"이, 이것을 네가 썼다니!"

"왜 그러세요, 아버지?"

"여덟 살짜리 아이가 어찌 이런 생각을 한 것이냐!"

"이 세계에선 여자가 시를 지으면 혼이 나니 신선들이 사는 세계에서나 시를 실컷 지어 보려고요."

초희가 쓴 글은 한동안 사람들의 입에 한참을 오르내렸어요. 상상력이 아주 뛰어나고 문장이 비할 데 없이 아름답다고요.

그 글의 글쓴이는 후에 '난설헌'이라는 이름으로 전해졌어요. '난설헌'은 초희의 호예요. 옛날부터 중국에서 높은 집안의 사대부들이 난설헌이란 호를 많이 사용하였지요.

아버지는 안타까운 마음으로 혼자 중얼거렸어요.

"초희가 남자로 태어났더라면 정말 큰일을 했을 터인데! 그 재주가 아깝구나, 아까워!"

조선 시대 여자의 삶

어느 날, 초희의 오빠인 허봉은 자신의 친구이자 당대 최고의 시인으로 유명한 이달을 선생님으로 초대했어요.

보통 양반이었다면 초대를 못 했을 거예요. 하지만 이달은 반쪽짜리 양반이었지요. 아버지는 지체 높은 양반이지만 어머니가 첩이었던 거예요. 그래서 이달은 뛰어난 글재주를 지녔음에도 불구하고 벼슬을 얻지 못하고 있었지요.

"나보고 여자에게 글을 가르치라는 건가? 자네도 내가 반쪽짜리 양반이라 우습게 보는 것인가?"

처음에 초희를 본 이달은 몹시 화를 냈어요. 하지만 초희의 실력을 보자마자 자신이 앞장서 글을 가르치겠다고 했어요.

"여자가 스승까지 모셔 가며 글을 배운다는 사실이 알려지면 좋지 않을 걸세. 차라리 사람들에겐 이 집의 막내아들인 허균을 가르친다고 하세."

"그렇게 해 주겠나? 정말 고맙네!"

이렇게 이달은 초희와 허균 남매의 선생님이 되었지요.

이달은 초희와 허균에게 당나라 시인들의 멋진 시를 가르쳐 주었어요. 그리고 반쪽짜리 양반으로 설움을 많이 겪었던 이달은 양반이란 계급은 왜 생겨났고, 평등한 인간이란 무엇인지에 대한 고민이 많았어요. 그래서 세상의 불평등에 대한 이달의 생각들은 초희와 허균에게도 깊은 영향을 미쳤지요.

어느 날, 초희의 오빠 허봉이 명나라에 사신으로 가게 되었어요.

"오라버니께서 또 선물을 보내 주셨네. '두보'라는 아주 유명한 시인의 책이라니!"

초희의 재능을 아낀 허봉은 명나라에서 귀한 책, 붓과 종이를 구해 보내 주기도 했어요.

그렇게 초희는 사람들의 지지와 응원 속에서 꿈을 키워 갔지요.

하지만 열다섯 살이 된 초희에게 지금까지와 전혀 다른 앞날이 펼쳐지게 되었어요. 시집을 가면서부터 생긴 일이지요.

조선 시대 여성들은 남편의 얼굴도 모른 채 부모님이 정해 주는 남자와 결혼하는 게 당연한 일이었지요.

하지만 초희는 얼굴도 모르는 남자와 결혼하고 싶지 않았어요.

"아버지! 저는 제 마음에 들지 않는 남자와 결혼하는 것은 죽기보다 싫습니다."

"어허, 어느 양반집의 딸이 남편 될 자의 얼굴을 따져 본단 말이더냐."

이때만큼은 아버지도 초희의 말을 들어주지 않았어요.

결국, 초희는 김성립이라는 남자와 원하지 않는 결혼을 하게 되었지요.

초희는 시집을 가서도 글을 쓰고 책을 보았어요. 그러자 남편인 김성립과 시어머니는 그런 행동을 못마땅해했지요.

"아가, 글은 남자만 읽는 거라고 몇 번을 얘기하니?"

"어머니, 글을 읽는 게 어찌 남자만의 일이겠습니까. 사람은 무릇 글을 읽고 쓸 줄 알아야 마음을 표현할 수 있고, 배움을 넓힐 수 있는 것이라 배웠습니다."

"네가 이렇게 잘났으니 네 남편이 기를 펴고 살 수 있겠어?"

초희의 남편 김성립은 자기보다 공부도 잘하고, 시도 잘 짓고, 아는 것이 많은 아내가 부담스러웠어요. 김성립은 과거 공부를 한다며 밖으로 나돌다 친구들과 어울려 술을 마시고 놀기도 했지요. 그런데 시어머니는 초희 때문에 아들이 과거 시험에 자꾸 떨어진다고 생각했어요. 그래서 툭 하면 며느리인 초희를 구박했답니다.

초희의 유일한 즐거움은 시집가서 낳은 딸 하나와 아들

하나를 돌보는 것뿐이었어요.

그런 어느 날, 초희에게 상상도 못한 슬픈 일이 닥쳐왔어요. 1580년 그녀의 나이 열여덟 살 때, 아버지 허엽이 지방에서 병을 얻어 한양으로 올라오는 도중에 숨을 거두게 된 거예요.

아버지를 잃은 것도 서럽고 슬픈데, 더욱 슬픈 일이 닥쳐왔어요. 초희의 딸과 아들이 그만 전염병에 걸려 죽고 만 거예요.

초희는 딸과 아들의 무덤을 양지바른 언덕에 나란히 만들었어요. 누구보다 아끼고 사랑하던 자식을 하늘나라로 보낸 초희는 「곡자(哭子)」라는 시를 지으며 울부짖었어요.

지난해 사랑하는 딸을 잃고

올해 사랑하는 아들을 잃었네

슬프디슬픈 광릉 땅에 두 무덤

나란히 마주 세웠네

백양나무 가지에 쓸쓸히 부는 바람

솔숲에선 도깨비불이 반짝반짝

종이돈 날리며 너희 이름을 부르고

너희 무덤 앞에 술을 붓는다

가여운 너희 남매의 넋은

밤마다 어울려 놀고 있을 터

아무리 배 속에 아이가 있다지만

제대로 자라나기를 바랄 수 있을까

슬픈 노래를 하염없이 부르며

슬픈 울음 피눈물을 안으로 삼킨다

슬픔이 파도처럼 밀려오고

"청심아, 부탁이 있다."

"예, 마님."

"훗날 내가 죽으면 두 아이의 무덤 뒷자리에 눕고 싶구나."

"어째서 그런 말씀을 하세요, 배 속에 있는 아기 생각도

하셔야지요!"

그때 초희의 배 속엔 아이가 있었답니다. 하지만 몸도 마음도 쇠약해진 초희는 아이를 유산하고 말았어요.

그런데 또다시 감당하지 못할 슬픈 일이 밀려왔어요.

초희의 어머니가 돌아가시고 만 거예요. 게다가 자신을 끔찍이 아꼈던 오빠 허봉까지 조정에서 쫓겨나, 멀리 귀양을 가는 처지가 되어 버렸어요.

초희는 당장이라도 오빠에게 달려가고 싶었지만 그럴 수 없었어요. 조선 시대에는 여자가 여행한다는 건 꿈도 못 꿀 일이었거든요.

그 뒤 귀양에서 풀려난 허봉은 속세를 버리고 백운산, 인천, 춘천 등으로 이리저리 떠돌아다녔어요.

"뭐, 뭐라고? 오라버니께서 돌아가셨다고?"

"예, 나리께서 금강산에 들어가신 뒤 큰 병을 얻으셨다지 뭐예요."

허봉이 죽었다는 소식을 듣고 초희는 숨이 막히는 것 같았지요.

"내 죄가 무엇이냐고 물으신다면 첫째는 조선에서 태어난 것이요, 둘째는 여성으로 태어난 것이요, 셋째는 남편과 결혼한 것이다."

초희는 이런 말을 하더니 시름시름 앓기 시작했어요.

의원이 찾아와 진찰했지만 무슨 병에 걸렸는지 알아내지 못했지요.

"이름도 없는 병 때문에 사람이 저렇게 쇠약해지다니, 말이 되는 소리요?"

"안타깝지만 마님의 병은 마음의 것이라 의원인 저는 치료할 수 없습니다."

그렇게 오래 앓던 초희가 어느 날 갑자기 몸을 씻고 깨끗한 옷으로 갈아입었어요. 그 모습을 본 집안사람들은 어쩐지 불안했지요.

"사람이 안 하던 일을 하면 무슨 일이 생긴다던데!"

"저러다 우리 마님께서 명을 다하시는 건 아닌지 모르겠네."

그때 초희가 사람들에게 말했어요.

"붓과 먹, 종이를 가져오게."

초희는 종이에다 시를 한 자, 한 자 신중하게 써 내려갔어요.

푸른 바닷물 구슬 바다에 배어들고

푸른 꿩은 봉황과 어울렸구나

부용꽃 스물일곱 송이

달빛 비치는 차디찬 서리 위에

붉게 떨어지네

초희가 쓴 시, 「몽유광상산시서(夢遊廣桑山詩序)」는 꿈속 광상산에서 본 것을 시로 적은 거예요. 마치 죽음을 내다본 듯한 슬프고 애절한 느낌을 주었어요.

초희는 동생 허균에게 보내는 편지도 정성껏 써 내려갔지요.

"이 편지를 내 동생에게 전해 주게."

이 말을 마친 초희는 그날 밤, 숨을 거두었어요. 1589년,

초희가 스물일곱 살 때의 일이었지요.

한편, 초희의 편지를 받은 허균은 놀라 헐레벌떡 초희가 살던 곳으로 달려왔어요. 초희가 보낸 편지 속에 자신의 작품들을 모두 불태워 달라는 유언이 들어 있었던 거예요.

"누님!"

허균은 목 놓아 울부짖으며 초희의 죽음을 슬퍼했지요.

이렇게 시대를 잘못 만난 조선의 천재 여류 시인 초희는 세상을 떠났답니다.

조선의 천재 시인으로 이름을 떨치다

허균은 누나의 뜻에 따라 친정에 남은 시와 글, 그림 등을 정리하고자 했어요. 하지만 초희가 남긴 시가 얼마나 아름다웠는지 차마 태울 수가 없었지 뭐예요.

"누님이 쓴 시를 모아 책으로 낼 것이다."

"예? 여자가 쓴 시를 누가 읽는단 말입니까?"

"시를 쓰는 마음에 여자가 어디 있고, 남자가 어디 있다

더냐!"

"하지만 사람들이 비웃을 겁니다요."

허균은 누나가 남긴 시와 자신이 기억하고 있던 누나의 시를 모두 정리하였어요. 그리고 초희의 호를 따『난설헌집』이라는 시집을 펴냈지요.

"선생님, 부디 이 시집의 글머리를 부탁드립니다."

허균은 당대 가장 유명한 학자인 유성룡에게『난설헌집』을 들고 찾아갔어요. 시집을 살펴본 유성룡은 한 글자, 한 글자 빼어난 시의 아름다움에 감탄을 금치 못했어요.

규원(閨怨)

비단 띠 비단 치마 위에 어린 눈물

해마다 돋는 봄풀을 보며 님 그리워한 자국

거문고 옆에 끼고 가락을 뜯어 보지만

빗줄기에 배꽃은 떨어지고, 낮에도 문은 닫혀 있네

가을 깊은 달 나 홀로 빈 방에 앉아

서리 내린 갈대밭 저녁 기러기 바라보네

거문고 아무리 타도 님은 오시지 않고

연꽃만 들판 연못 속으로 하염없이 지는구나

"오! 이 훌륭한 시를 지은 사람이 누구인가?"

"저의 누님입니다."

"뭐, 뭐라고? 여자가 이런 시를 지었단 말인가?"

유성룡은 유교 사상을 매우 철저히 따르던 학자였어요. 그런 그마저도 초희의 시를 인정하지 않을 수 없었지요.

어느 날, 명나라에서 온 사신 주지번은 호탕하게 웃으며 허균을 바라보았어요.

"하하하! 내가 또 졌구려! 역시 허균의 실력은 당해 낼 수가 없소."

지난 며칠 허균과의 글짓기 겨루기가 힘겨웠지만, 기분 나쁘지는 않았어요. 조선에 와서 허균처럼 글솜씨가 뛰어난 사람을 만났다는 것이 기뻤거든요.

주지번은 허균에게 부탁했어요.

"며칠 뒤면 조선을 떠나야 하오. 허균 선생의 글을 한 편 갖고 싶은데, 줄 수 있겠소?"

허균은 기뻐하며 그러겠노라 대답했어요. 그리고 허균은 자신의 글과 함께 시를 한 편 건네주었어요.

주지번은 시를 읽고는 크게 감탄했어요.

"역시 허균 선생의 글솜씨는 따를 자가 없구려. 시 또한 너무 좋소!"

"허허허."

허균은 부끄러운 듯이 말했어요.

"사실 그 시는 제 것이 아닙니다. 10여 년 전 죽은 제 누님이 지은 시입니다."

주지번은 깜짝 놀랐어요. 유교 국가인 명나라나 조선에서 여성 시인은 흔치 않았기 때문이에요.

"시가 몹시 뛰어나고 훌륭하군요! 더구나 여성이 쓴 것이라니 믿을 수가 없소. 시를 몇 편 더 줄 수 있겠소?"

"물론입니다."

허균은 소중하게 간직해 두었던 『난설헌집』을 내어 주

었어요.

주지번은 명나라로 돌아가 『난설헌집』을 펴냈어요. 역시 주지번의 생각이 들어맞았어요. 난설헌의 시집은 명나라에서 순식간에 큰 인기를 끌었어요.

"세상에, 이 훌륭한 시를 여자가 지었다니!"

"허난설헌이라는 여자는 하늘에서 내려온 선녀일 거요!"

"어쩜 이렇게 곱고 아름다울까!"

"이렇게 인간의 감정을 솔직하면서도 애틋하게 표현할 수 있다니!"

『난설헌집』의 인기는 나날이 높아졌어요. 조선을 찾은 명나라 사신들은 앞다투어 허난설헌의 시집을 구해 달라고 아우성쳤지요.

명나라가 멸망하고 새로이 들어선 청나라에서도 허난설헌의 시는 여전히 큰 인기를 끌었어요. 사람들 사이에서는 그녀의 시를 암송하는 것이 유행할 정도였지요.

"전하, 청나라 황제께서 꼭 갖고 싶은 선물이 있다 하십니다."

"그것이 무엇이오?"

"그것이…… 조선의 여류 시인인 허난설헌의 시집을 갖고 싶다 하십니다."

『난설헌집』이 얼마나 인기였는지, 청 황제까지 허난설헌의 시집을 구해 오라며 조선에 사신을 보낼 정도였답니다.

이후 허난설헌의 시는 중국뿐만 아니라 일본에서도 출판되어서 큰 인기를 끌었어요. 이후 일본의 여성 시인들에게 큰 영향을 끼쳤지요.

허난설헌은 비록 살아서는 그 뛰어난 솜씨를 인정받지 못했지만 죽어서는 조선을 넘어 중국, 일본에까지 그 이름을 떨쳤답니다.

한 걸음 더 인터뷰

 허난설헌 님의 진짜 이름은 초희인가요?

● 그래. 내 이름은 초희야. 다른 이름도 있는데 자는 경번이고 호가 난설헌이란다. 이름이 많아서 헷갈렸지? 조선 시대에는 차별이 심했어. 조선의 여자는 아무리 뛰어나도 역사책에 이름이 전하지 않는단다. 그저 김씨 부인, 이씨 부인이라고만 전할 뿐이지. 하지만 난 이름뿐 아니라 자와 호도 남겼단다.

어렸을 때부터 유명했다니, 얼마나 글을 잘 썼던 거예요?

● 내가 여덟 살 때 광한전 백옥루에 상량문을 썼단다. 여덟 살 여자 아이가 쓴 글이라고 다들 믿질 않더구나. 많은 사람이 내가 쓴 글을 보기 위해 몰려들었지.

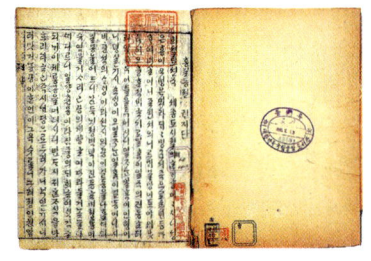

허균의 홍길동전

순식간에 나는 천재 소녀로 유명해졌어.
우리 집안은 아버지와 오빠 두 분, 그리고 나와 내 동생까지 모두 글을 잘 써서 사람들이 우리를 '허씨 오문장'이라고 불렀단다. 『홍길동전』을 쓴 내 동생 허균도 최고의 작가였지. 나는 문장과 학문에 있어 천부적인 재능을 떨쳤고 그 명성은 우리나라뿐 아니라 중국과 일본에까지 미칠 정도였단다.

허난설헌 님의 시가 다른 사람의 시와 비슷하대요.

● 내 시가 워낙 유명하다 보니 남의 것을 베껴 썼다고 말하는 사람들이 더러 있지. 실제로 비슷한 것들도 있단다. 아마 나는 어렸을 때 다른 사람의 시를 읽고 고쳐 써 보면서 시 짓는 연습을 했을 거야. 하지만 나는 그런 시들로 책을 내려고 생각한 적이 한 번도 없었어. 죽은 뒤에 시를 전부 불태우라고도 했잖니. 그런데 내가 죽은 뒤 동생 허균이 내 시를 모으는 과정에서 그런 시들이 끼어 들어갔을지도 모른다는 생각이 드는구나.

 허난설헌 님은 너무도 슬픈 삶을 사신 것 같아요.

● 그렇지 않아. 어릴 땐 나를 지지해 준 가족들이 있어 행복했단다. 어른이 되어 내게 일어난 여러 슬픈 일들 때문에 마음에 깊은 상처를 입어 몸까지 아팠지만 말이야.
나는 여성을 차별하는 시대에 잘못 태어났던 거야. 여성도 자신의 생각을 자유롭게 표현할 수 있는 세상을 만났더라면 더 힘을 내어 살아갔을 텐데 말이야.
하지만 괜찮아. 내가 세상을 떠난 뒤 중국과 일본 등 외국에서 큰 인기를 끌게 되었고, 이후에는 조선에서도 다시 인정을 받게 되었으니, 그것만으로도 나는 행복하단다.

시인 허난설헌 님

작가 후기

세계사를 바꾼 우리 조상들의 이야기

몇 해 전 인터넷으로 물건을 파는 '아마존'이라는 사이트에 아주 특이하게 생긴 물건이 올라왔어요. 원예 부분에서 가장 많이 팔린 물건이었지요. 처음 보는 물건에 서양 사람들은 무엇에 쓰는 물건일까 궁금해했고, 그것을 사서 사용해 본 사람들은 하나같이 '원더풀(wonderful)'을 외쳤어요. 그것은 쇠로 만든 농기구, 바로 '호미'였어요.

호미는 서양인들이 정원을 가꿀 때 사용하는 모종삽과 달리 끝이 뾰족해요. 또 아래에서 위로 흙을 파내는 것이 아니라 위에서 아래로 내리쳐 파지요. 따라서 손목에 큰 힘을 주지 않고도 손쉽게 흙을 팔 수 있어요.

지금은 시골 텃밭에나 가야 볼 수 있는 호미는 오히려 국내에서는 점점 사라져 가던 우리나라 전통 도구예요. 그런데 외국에서 큰 인기를 끌면서 우리는 호미의 뛰어난 기능을 다시금 깨닫게 되었어요. 그동안 우리는 이런 뛰어난 물건을 만든 우리 선조들의 진면목을 잘 몰랐던 것 같아요.

한편, 최근 몇 년 사이에 우리나라의 문화가 세계 시장에서 큰 몫을 차지하게 되었어요. 우리나라의 음악이 빌보드 차트 1위에 오르기도 하고, 우리나라의 영화가 미국 아카데미 시상식과 칸 영화제에서 독창성과 예술성을 인정받아 감독상과 주연상을 타기도 했지요. 그 이전에 이미 여러 가요 음악과 드라마들이 아시아에서 큰 인기를 끌었고, 우리나라 가수의 춤과 노래가 세계 정상을 휩쓸기도 했지요.

지금 우리는 전 세계와 함께 우리나라의 문화와 발전된 기술을 누리고 있어요. 세계인들은 한국의 음식, 웹툰, 화장품은 물론 스마트폰, 자동차, 가전제품을 좋아하게 되었고요. 우리의 피부에는 잘 와닿지 않을지 모르지만, 이것은 정말 신기하고 놀라운 일이에요. 대륙의 가장자리에 있는 조그만 나라인 우리나라 역사상 이렇게 세계에서 주목받고 세계인을 사로잡은 적이 있었는지 궁금해졌어요.

그때부터 저는 여러 책들과 방송, 신문 기사 등을 보고 공부하며 이 책을 썼어요. 교과서에 미처 다 담겨 있지 않은 우리 선조들의 이야기를 하나하나 발견해 나가는 기쁨이 컸답니다. 까마득하게 세월을 거슬러 올라가 보니, 우리 선조들은 이미 세계 역사의 한 축으로서 역사의 흐름을 바꾸고 있었어요.

세계를 놀라게 한 대표적인 인물로 일본에 천자문을 전하고 태자들을 가르친 삼국 시대 백제의 학자 아직기와 왕인을 비롯해, 실크 로드를 지킨 고구려 유민 장수 고선지가 있어요. 또 국제 교역을 일으킨 신라의 해상왕 장보고, 중국 역사

를 바꾼 신라의 학자 최치원 등 여러 분야에서 세계를 놀라게 한 인물들이 있지요. 또한 의학을 대중화하는 데 이바지한 글로벌 베스트셀러의 저자 허준과, 뛰어난 전략 전술로 세계 4대 해전의 명장으로 기록된 이순신, 조선 최초의 한류 스타인 시인 허난설헌도 빼놓을 수 없지요.

여러분은 이 책 속 8인의 위인들을 한 명 한 명 만나 보았을 거예요. 궁금해지네요. 여러분은 세계인들의 존경을 받았던 우리 선조들의 이야기에서 자부심과 도전 정신을 느꼈나요? 물론 그랬을 거예요. 저는 여러분도 세계사의 주인공이 되는 꿈을 꾸면서 제가 느낀 그 가슴 벅찬 순간을 함께했길 바랍니다.

작가 서지원

참고 도서 목록

『고구려 장군 고선지, 실크로드에서 용맹을 떨치다』
김은영, 아카넷주니어, 2011

『고대 한일관계사 백제왜(百濟倭)』
홍원탁, 일지사, 2003

『불꽃같이 짧은 생애의 찬란한 시문학, 허난설헌 평전』
장정룡, 새문사, 2007

『유럽 문명의 아버지 고선지 평전』
지배선, 청아출판사, 2002

『이덕일의 당당 한국사 : 우리가 꼭 기억해야 할 한국사 베스트 25장면』
이덕일, 아라미, 2017

『장보고 자료집』
김문경 편저, 재단법인 해상왕장보고기념사업회, 2007

『장보고 해양제국의 비밀』
중앙일보 특별취재팀, 중앙일보시사미디어, 2010

『최치원전』
이용포, 웅진주니어, 2015

참고 사진 출처

10쪽 왕인 박사의 묘 CC BY-SA 3.0
https://ko.wikipedia.org/wiki/왕인

39쪽 아스카데라 CC BY 2.5
https://ko.wikipedia.org/wiki/아스카데라

43쪽 파미르 고원 CC BY 2.0
https://ko.wikipedia.org/wiki/파미르고원

75쪽 엔닌 동상 CC BY-SA 4.0
https://commons.wikimedia.org/wiki/Category:Ennin?uselang=ko

108쪽 전국인민대회당 CC BY 3.0
https://ko.wikipedia.org/wiki/전국인민대표대회

108쪽 최치원 기념관 CC BY-SA 4.0 / 기념관 내 최치원상 CC BY-SA 4.0
https://commons.wikimedia.org/wiki/Category:Choe_Chiwon_Museum?uselang=ko

136쪽 계원필경집
본 저작물은 이리미에서 2021년 작성하여 공공누리 제1유형으로 개방한 '계원필경집'을
이용하였으며 해당 저작물은 공공누리, www.kogl.or.kr에서 무료로 다운받으실 수 있습니다.

137쪽 최고운전
본 저작물은 아라미에서 2021년 작성하여 공공누리 제1유형으로 개방한 '고대소설 최고운전'을
이용하였으며 해당 저작물은 공공누리, www.kogl.or.kr에서 무료로 다운받으실 수 있습니다.

141쪽 허준초상 CC BY-SA 3.0
https://ko.wikipedia.org/wiki/허준

141쪽 동의보감
본 저작물은 아라미에서 2021년 작성하여 공공누리 제1유형으로 개방한 '동의보감'을
이용하였으며 해당 저작물은 공공누리, www.kogl.or.kr에서 무료로 다운받으실 수 있습니다.

172쪽 전라좌수영귀선(거북선) CC BY-SA 3.0
https://ko.wikipedia.org/wiki/거북선

202쪽 징비록 CC BY-SA 4.0
https://ko.wikipedia.org/wiki/징비록